ブッダの幸福論

アルボムッレ・スマナサーラ
Alubomulle Sumanasara

★――ちくまプリマー新書
077

挿絵　古賀重範

目次 ＊ Contents

係」が生きていること／関係を持たないという関係／狭《せま》い見方では頭が悪くなる／「殺《ころ》してしまえ」はナンセンス／自然のおかげでなんとか生きてる／生きることの神聖さ／無駄遣《むだづか》いもイライラも関係への無知から／「生きる意味」に悩《なや》んではいけない／好《す》き嫌《きら》いは成り立たない／人生には選択肢《せんたくし》が確保されている／「好き・嫌い」より「できる・できない」が肝心《かんじん》／あなたの能力を社会が買ってくれるか？／満点でできる仕事が人生に喜びをくれる／楽な仕事ではなくて「楽しみな仕事」／生きる意味を探《さが》すとみじめ／知識で役に立つ「関係」を築く／「金になる」思考で不幸になる／仕事の評価は「生命への貢献《こうけん》」度《ど》ではかる／「趣味《しゅみ》は仕事」ならば幸せもの／充実感をもってしっかり生きよう／しっかり生きることに苦労は無用／関係のなかで人が助かる／生きる能力を磨《みが》くことが勉強／自分のできることをする人が立派な人／生きることは神聖なネットワーク

序章　ブッダの生きた幸福の境地

ブッダと資産家の対話

ブッダがマヒーという名の川のほとりを歩いていたとき、牧畜《ぼくちく》を営むダニヤさんという大富豪《だいふごう》と出会いました。二人は挨拶《あいさつ》を交わすと、即興《そっきょう》で詩を交換《こうかん》して、ある問答をはじめたのです。日本でも昔は初対面の人同士が、名刺代わりに和歌を交換して、お互《たが》いがどんな人間か紹介《しょうかい》しあったといいます。同じように、古代のインドでも即興で詩を作ってお互いの思想を表現し、議論をたたかわすことが行われていました。それが教養ある知識人のたしなみでもあったのです。

ダニヤさんは高らかに詩を詠《えい》じました。

私はもうご飯を炊《た》いて、乳牛の乳を搾《しぼ》ってしまった。

マヒー河の岸辺に、私は妻子とともに住んでいます。
私の家は屋根がしっかり葺《ふ》かれて、なかには火が燃えています。
神様、もし雨を降らそうとお望みなら、どうぞ降らせてください。

ダニヤさんは乳絞りの仕事も終えて、その日のご飯ももう炊き終えている。家には愛《いと》しい妻と子供がいて、囲炉裏《いろり》の火（これは神様をお祭りする火でもあります）も燃えている。もうすっかり安心しているのです。神様が雨を降らそうとするなら、どうぞどうぞ。どんな問題が起きても、自分は安全だから大丈夫ですよ、という意味です。

雨が降るなら降ればよい

この自信に満ちた詩をきいて、ブッダはまったく逆の詩を返しました。原文はダニヤさんの詩に韻《いん》を合わせた美しいものですが、意味だけ取りましょう。

私はもう怒《いか》りを絶って、心の拘《こだわ》りを離《はな》れてしまった。
マヒー河の岸辺に、ただひとり仮の宿りをします。
私に家はなく、火は消えています。
神様、もし雨を降らそうとお望みなら、どうぞ降らせてください。

（スッタニパータ　ダニヤ経より）

ダニヤさんが仕事を終えて安心したといっても、翌日にはまた牛を追って乳を搾らなければなりません。今日のご飯を炊き終えても、明日になればまたご飯を炊かなければならない。ブッダは、自分は「今日はこの仕事をしなければ」と追い立てられる気持ちからも、ご飯を探《さが》さなければという心の不安（怒り）からも自由だと、うたっているのです。

人々に恩恵《おんけい》をもたらしてくれる大河も、いつ洪水《こうずい》を起こして災《わざわ》いをもたらすかはわかりません。頑丈《がんじょう》な家を川べりに建てて、家族（愛しい人）を住まわせても、絶対安全ということはないのです。ブッダは家族も家も持たず、欲望の火をすっかり消して、限りない心の自由を得ていると自《みずか》らの境地をうたいます。別に何も持たずとも、人生に起こるどんな問題にも自在に対応できる安らぎの境地はあるのだよと、ダニヤさんに教えてあげたのです。

ブッダが説く「物に依存《いぞん》しない」生き方

ダニヤさんがそれにまた返事をして、ふたりが美しい詩の交換を続けていると、突然《とつぜん》、雨が降りだしました。降り出したところで、あれほど自信に満ちていたダニヤさんは、やっぱり恐怖《きょうふ》に駆《か》られてしまったのです。

財産があって平安だといっても、この財産によって心配が生まれます。牛たち（牛というのは財産のシンボルです）がいるから安心だと思っても、牛が病気になったり、洪水で流されたりしたらどうしよう。家があるから私は幸せだといっても、雨が降って家が流されてしまったらどうしよう。家族がいて安心だといっても、その家族が病気や事故で亡《な》くなったらどうしよう。そんな恐怖がサーッと全身を駆け回ってしまったのです。恐怖に震《ふる》えたところで、ダニヤさんは自分の過《あやま》ちに気づいて、すぐにブッダに帰依《きえ》してしまいました。帰依するというのは、「その人の道を歩みます」ということです。つまり、ブッダを先生として生きていくということです。

なぜダニヤさんがブッダに帰依したかと言えば、ブッダはダニヤさんとは別の生き方を見つけて、教えていたからです。詩の交換を通じて、ダニヤさんは「自分が幸福になるためには、ブッダの教える道に従って生きなければいけない」と理解したのです。それを一言でいえば、「物に依存しない生き方。世のなかの評価に依存しない生き方」です。

この世のなかで、金を儲《もう》けて豊かになることが人生の目的になってしまったら、それはある一部分の人間にしか実現できないものです。では、その他の人は不幸でもいいのでしょうか。負け組として切り捨ててもいいのでしょうか。物に依存したり、他人の評価に依存したりする人生は、すごく寂《さび》しいのです。いい仕事があれば幸せだとか、安定した会社に就職できれば幸福だ、有名な大学に入ることができれば幸福だ、女性の場合は金持ちの男と結婚《けっこん》できれば幸福だとか。そういう世のなかで言っていることを真に受けて、果たして幸福になれるのでしょうか？

世のなかの幸福論はいいかげん

結論から言えば、世のなかで言っている人生の目的、モットー、ゴール、といったものに私たちが足を引っ張られてしまうと、不幸になってしまうのです。世のなかの大人が言っていることは、ぜんぜん当てになりません。びっくりするかもしれませんが、それが事実です。

世のなかの大人たちは、一部の人がたまたま宝くじに当たったような感じで実現したことに「幸せ」と名前をつけているのです。最近有名になったゴルファーの石川遼《いしかわりょう》さん（ハニカミ王子）にしたって、確かに彼《かれ》はすごい人物で、皆《みな》の憧《あこが》れの的かもしれませんが、だから「彼こそ幸せな人間だ、さあ子供たちはみんなゴルフを習え」と言ったって、話

ゴルフの上手な
ハニカミ王子

憧れてゴルフを
はじめたけれど…

になりません。石川遼さんはたまたま優秀《ゆうしゅう》だったから、ヒーローになった。ですが、彼と同じ人は、他にいないのです。

それから、今年のミス・ユニバースに輝《かがや》いたのは日本の女性でした。確かにそれはすごいことです。しかしミス・ユニバースはたった一人の人間しかなれません。来年のミス・ユニバースも日本人になるかどうかなんて、わからない。そういう稀《まれ》なチャンスで百万人に一人、一億人に一人ぐらいしか実現できないことは、人生の目的にはならないのです。見事ミス・ユニバースになった日本人女性も、これからの人生が幸せかどうかはわかりません。長い人生のなかで、これから何が起こるかはわからないのです。

だから、ゴルフの王者も美の女王も、私たちが目指す「生き方・生きる道」にはなりません。そういう道があっても悪くないけれど、みんなに結果が得られるものでないのは確かです。私たちが生きる道、幸福の境地は、やはりどんな生命にも、どんな人間にも達することが可能なものでなければいけない。それが、差別思考を捨てた「ブッダの幸福論」の基本的な考え方なのです。

みんな「世界一」を目指すべきか？

現代人が取り付かれている、「世界一になる」という思考は、極端《きょくたん》な差別思考で、実現不可能なあり得ない話です。実際は、世界一になる、日本一になるという考え方に縛《しば》られて、たくさんの人々が不幸に陥《おちい》っているのです。ですが、それは間違《まちが》いであることをまずわかってほしい。世界一にならなくても、日本一にならなくても一向にかまいません。幸福になりたければ、「世界一になれる人はどうぞなってください。でも私の生き方とは関係ないんだよ」というクールな態度が必要です。幸福は、誰《だれ》でも叶《かな》えられる目標でなくてはならないのですから。

ブッダが教える「人間の生き方」について学ぶにあたって、まず、そのポイントをよく覚えておいてほしいと思います。

幸福の必須《ひっす》条件とは

一人ひとりが、「自分が幸福に生きる」ということだけを考えて、そのほかはまあ適当にやればいいんです。勉強のできる子は勉強を無茶苦茶やればいい。スポーツしか能がない子はスポーツに賭けてもかまいません。他の芸ができる人は、その訓練をすればいいのです。それはもう、それぞれの能力のことであって、持っている能力はみんなばらばらなのです。その能力で勝負してその世界のトップに立つことは、人生の目的でも、幸福の必須条件でもありません。そうではなくて、どんな人間にでも成り立つような、「どう生きるべきか」という幸福論、幸福に生きる方法を考えなければいけないのです。

たとえば、あなたはギターが弾けるとする。それはそれでいいんですが、次に問題になるのは「ギターが弾けるあなたは幸せですか？」ということです。また、学校の勉強のなかで、あなたは数学なら自信があるとする。結構なことです。でもそこで大事なポイントは「数学ができるあなたはそれで幸せなの？」ということなのです。ギターが弾けるから、数学ができるから、イコール「幸せです」ということは成り立たないのです。

ギタリストになれるのも、数学者になれるのも、ほんとうにわずかな人です。野球やゴルフで旗《はた》を揚《あ》げられるのもわずかな人々でしょう。世のなかでもてはやすような、稀な人にしか達成できない夢が、「人生の夢」になってはならないのです。

そういう人生を目指すのではなく、自分が持っている能力をフルに生かしながら、なおかつ「幸せに生きる」ということが大事なのです。幸せについての考え方、あるいは生き方は、勉強ができるかできないかではなく、いい仕事があるかないかでもなく、もっと違った枠《わく》で考えなくてはいけない。ブッダはそれを教えているのです。

第1章　「生き方」はどうすればわかる？

生きる方法を知らない

子供の頃《ころ》を思い出してみてください。

私たちは、だいたい誰《だれ》でも小学校ぐらいまで、あるいは幼稚園《ようちえん》のときまでは、けっこう明るく生きています。どう生きればいいか、ということに何の疑問もなく、ただ楽しく明るく生きている。たまにそうでない子供もいますが、ほとんどみんな、小さい時は元気だし、明るいし、すごく活発です。一分二分でもじっとしていられず、何かやってしまう。遊びたければ遊ぶし、一日中動きたい放題動いて、疲《つか》れたらすぐパタッと寝《ね》てしまう。

子供には「どう生きればいいのか？」とか、「生きるということは何なのか？」とか、そんな生きる術《すべ》など考えていません。それなのに、なぜそんなに元気かというと、楽しくやっているからです。楽しい、おもしろいと思ったら、すぐそれに飛びついてやってしまう。それが基本的な性格です。そういう子供の性格のなかに、本来の「生きる術」が隠《かく》れているのです。

「生きている」証《あか》しは充実感《じゅうじつかん》

私たちに必要なのは、日々何かを行うことによって、楽しみ、喜び、充実感、つまりああよかったという気分を得ることです。それが、「生きている」ということです。ですが、どんどん大人になって中学校に入る頃になると、生きるために必要不可欠なその気分を忘れてしまいます。そして、生きる道を二つに分けて、やりたくない仕事の合間に、ある時間だけ「生きること」にしてしまうのです。たとえば、勉強なんかほんとうは一番やりたくない。学校にもほんとうは行きたくない。あれこれ稽古事《けいこごと》もほんとうはやりたくない。でも、「親がうるさいから、まあ仕方ない」とやって、疲れたら隠れてゲームをするくらいです。そして、休みの日は友達に電話をかけて、友達の家に行ったりして、その時は元気いっぱい遊んだりする。生きているのは、その時間だけです。勉強、宿題、稽古事は、いやいややっていますから、その時間は生きている実感なしに、必死でガマンしているのです。

一日の大半は「やりたくない」こと

ですが、このまま大人になってしまうと、たいへん大きな問題が起こります。

一生の長い時間、やりたくないことをやらなければいけない羽目になるのです。親が言うから、社会が言うから、みなが言うから勉強するし、試験も受ける。みなが言うからやっているだけで、自分はこんなことやりたくないんだという気持ちが心の中にはあるので、その時間は自分が「生きている気がしない」のです。

残念なことに、計算してみると、生きている気がしない時間が、朝早くから夜遅《おそ》くまで続いてしまうことになります。一日の中で生きている気がしている時間が、一〇分～二〇分位しかないなら、その時点でもう不幸なくじを引いているのです。やりたくない

やりたくないけど
勉強するか・・・
親が言うから
受験するか・・・
1002 1003 1005 1007
1105 1108 1112
1200 1203 1205
1302 1304
あった
上司が言うから
仕事するか・・・
自分の時間って
いつだろう
お手
ワン

勉強に一二時間くらいかけてしまえば、自分の楽しむ時間は一、二時間もないかもしれない。そうすると、生きている気がする時間は、たった二時間だけということになってしまう。その短い時間で元気になって、あとの長い時間は苦しい生き方に挑戦《ちょうせん》している。そういう人生は、やはりどう考えても不幸なのです。

そうすると最初からもう、私たちは生き方をミスってしまいます。本来子供たちが知るべきことは、「何をやっても楽しくやろうよ。何をやってもいいんだから、その中から充実感を得よう」ということなのです。

「楽しくやろう」が本能

幼稚園児たちは、一応それを知っています。どこかにお母さんと出かけて、電車のホームで待っていると、電車が来るまでに五分ぐらいある。お母さんはいらいらして待っているのですが、小さな子供はなんのことなく、お母さんの体の周《まわ》りをグルグルまわったりとか、足の間をくぐったりとかして遊んでいます。子供たちは、どうせ電車を待たないといけないんだから、その五分間を「楽しく待つ」のです。一方、お母さんは楽しいどころかいらいらして、子供のことを心配して「危ないから気をつけて！」と叱《しか》ったりしてとてもたいへんです。この小さい子供たちが知っている「楽しくやりましょう」という態度は、生命に本能としてついているものなのです。その「楽しくやりましょう」という態度を大人になる過程でも大事にして、人生から外さないようにしないといけません。手放して置きっ放しにしてはいけないのです。だから友達を作らなければとか、算数とか国語とかいろいろ勉強しなければとか焦《あせ》る必要はありません。何でもひとつひとつすごくおもしろく楽しくやるようにすれば、ストレスをためることもなしに、淡々《たんたん》と日々楽しく生きていられるのです。

暗くなることが「大人になる」ことか？

世のなかでいう「大人になる」という言葉の意味を私なりに解釈《かいしゃく》すると、「楽しく生きることを早く辞《や》めろ」ということです。「はやく真剣になって、責任感を持って暗い人間になりなさいよ」ということを、大人が言っているのです。「真面目に勉強しろよ」とか「しっかりやりなさいよ」とか、あれこれとライバル意識やらいろいろな暗い感情を煽《あお》って叩《たた》き込《こ》んで、結果として神経質で怯《おび》えた暗い人間にしてしまっています。

別に悪気もなしに、大人は不注意にそういうマズイことを言ってしまいます。「真面目にやりなさいよ」とか、言葉に気をつけずいきなり言ってしまうから、「そうか、人生は遊びではないんだ」と子供も思ってしまう。ほんとうは、人生は楽しくないと前に進むものではないんです。だから、私たちはなんとかして、何をやっても楽しくなれるようにと、工夫《くふう》しなくてはいけないんです。

大人になる途中《とちゅう》で落とす宝物

子供たちは大人になる過程のどこかで、この「生きている気分」を、「何でも楽しくやろう」という明るい意欲を落としてしまうのです。「これは真剣にやらなければ」とか「これはあいつらに負けたらだめだ」とか、そういうふうに大人ぶったりして、大人の真似《まね》をして、大人のつくる暗い世界に入ってしまう。入ったとたん、生きる喜びは落ちるのです。

わかりやすい例で言えば、財布を持っていれば、計画なしで旅したり、山に登ったり、いろいろなことをしても大丈夫です。ですが、何をやってもいいけれど、自分に幸福を与《あた》える「財布だけは落とすなよ」ということなのです。財布を落としてしまうと、食べるものも買えないし、宿にも泊《と》まれないし、たいへんなことになってしまいます。

子供たちが大人になっている、真面目に成長していると大人が感じる時、子供たちはこの幸福という財布を落としているのです。財布を落とした姿を見て、「ああ、うちの子はすごいしっかり者だ、がんばっている」と親たちは感心して喜んでしまいます。でも、ほんとうは、そこから子供は不幸な人生に入っているのです。

だから私たちは、「生き方を知らない」ということになってしまっているのです。

苦しむ人からは能力が逃《に》げる

だから勉強するにしても、ただ神経質に、鉢巻《はちまき》をまいてカリカリと頑張《がんば》ればそれこそがかっこいい、クールだと思ってしまう。実際はただ無駄《むだ》に苦しんでいるだけなのですが……。

問題は、苦しんでいると能力がなくなってしまうことです。いくら神経質になっても勉強の能力は上がりません。逆にすごく疲れます。ストレスが溜《た》まります。ストレスが溜まると、なおさら勉強のスピードと能力は落ちるんです。だからまったく知らないま、そういう危険な生き方をしているのです。能力を発揮《はっき》したいというのが希望なのに、このやり方では能力を発揮するどころか、かえって低下してしまう。たくさんのことを学びたい、たくさんの物事を覚えたいというのが希望なのに、私たちのやり方では逆に何も学べなくなるのです。

友達づくりもひと苦労

中学生になってくると、友達を作ることさえも、たいへんな作業になってしまいます。気の毒なほどです。いくら大事な用事があっても、友達から「どこかでふざけて遊ぼうぜ」と言われると、約束したからと、そちらに行ってしまいます。大事な用事があるなら、電話をかけて「きょうはダメ、ごめんね。こういうことで行けなくなったよ」と言えばいいのに、怖《こわ》くて言えない。友達がそれで離《はな》れていくと思って怯えています。だから結局は友達もまた、たいへんなストレスの種になってしまうのです。友達と仲良く遊ぶことではなく、友達の機嫌《きげん》をとることしか考えられなくなってしまう。もし相手が悪い友達だったら、その人の言うことをなんでもやってしまったりして、自分の人生もダメになってしまう。そういうふうに、人生に失敗してしまうのです。

「楽しく生きる」は生命の基本

ですから、楽しく生きることは決して悪くないと思ってもらわないと困ります。楽しく生きていれば、私たちは学ぶべきもの、訓練するべきものをけっこう早く、簡単に身につけられますし、何でもすんなりと理解できるようになるのです。

受験勉強にしても、苦しいと思ってやるのではなくて、「これがむちゃ楽しいんだ」と思った方がいいのです。でも、そう思ってやる子供はいません。なぜなら、子供が勉強を楽しんでしまうと、「そんな調子で続けてたらダメだ、落第するぞ！」と、親が怒《おこ》るのです。ニコニコしてるのは勉強に興味ないからだとか、もっと真剣にならないと将来どうなるのか心配だとか、親は勘違《かんちが》いするのです。まったく的外れな心配なのですけれど。

ここまで言ったことは、論理的に生命の基本を考えてみるとわかりやすいと思います。私たちは人間の他に、動物の世界を見たって学べます。人間に限らず生命の世界を見ると、基本的にみんな「楽しい」というそれだけを目指して動いているのです。「あれは苦しいんだからやりましょう」ということは誰もしません。

たとえば屋根から飛び下りたら、骨が折れて、頭も割れて、痛《いた》いし死ぬかもしれません。だから飛び下りてみようなんてことは、ふつう誰もしません。ですが、滑《すべ》り台《だい》を滑り降りると気分がいいから、それは喜んでします。それが生命の基本です。その基本を見落としてしまうと、生きることがうまくいきません。

なぜ大人になる過程で、年齢《ねんれい》を重ねる過程で、この基本的な楽しみを忘れるのかというと、誤解《ごかい》しているからなのです。「楽しく生きることは無駄《むだ》で、危ないんだ。もっとしっかりやらなくてはいけないんだ」と考えてしまう。この「しっかり」ということを「苦しく」やることだと、間違って理解しているのです。

理解すべきなのは、実際に生きるうえで、私たちは楽しいことをやるように、いちおうプログラムされているということです。そのプログラムは生まれた時にできているものですから、それを崩《くず》してはいけないのです。

生きる必須《ひっす》行為《こうい》が三つ

次のステップに入ります。

動物は幼《おさな》いときに母親と遊んで、それから狩《か》りの技術を身につけて一人立ちをします。

動物は狩りさえできれば生きていくには十分です。子育てもそれほど難しくないから、ちゃんとやっている。人間の社会は、そんなに単純シンプルではないですね。しかし複雑に見える人間の社会でも、行為をいくつかに分けてみれば、シンプル化できます。

第一に、人間は学ばなくてはいけないこと。他の動物も学びますが、ただ母親から学んでいれば生きていく術《すべ》は身に付きます。しかし人間は、母親だけではなく、たくさんの人々から、大量のことを学ばなければならない。

第二に、仕事をしなければいけないこと。人間はただ獲物《えもの》を捕《と》って生活をしているわけではなく、もっと複雑な仕事をしなければいけません。

第三に、人間は社会でいろいろな活動をしていて、社会の一員としても生きていかなければいけないこと。

私たちが生きていく上で、必ずやらなければいけないことは、その三つなんです。学ぶこと、仕事をすること、社会との関係。他の動物の世界でも、それぞれがそれなりに、その三つの行為をしています。

生命に普遍的《ふへんてき》な行為

たとえば羊の群れを見てください。羊たちは群れを作って、みんな同じパターンで生きています。海にすむ魚も、同じ種類の魚にはそれぞれ自分たちの生き方があって、その種として生きるために学ぶべきことがあって、生きるために餌《えさ》を探《さが》すことがあって、それから仲間で群れを作ってどう生活するのかという社会関係もある。三つの行為をしているのです。

魚で言えば、カツオにはカツオの生き方があります。しかし、カツオの生き方とライオンの生き方は同じではない。ライオンにはライオンの生き方があります。それと同じように、世界中のどんな人間であっても、人間には人間の生き方があって、それは学ぶ、仕事をする、社会と関係する、という三つの行為のなかに収まってしまうのです。

そういうふうに、なるべくシンプルに考えると、真理がわかりやすくなります。

次のポイントですが、「なぜ学ぶのか?」というと、生きているからです。「なぜ仕事をするのか？」というと、生きているからです。「なぜ社会と正しい関係を持たなければいけないか？」といえば、生きているからなのです。生きているから、この三つをしなければいけない。三つの行為より大事なのは、その前提である「生きていること」です。

どうせ学ぶなら楽しく

先ほども言ったように、生きている私たちには、「楽しいならばやりたいし、楽しくないならばやりたくない」という基本的な気持ちがあります。ここで、「生きていること」と「生きているからしなくてはいけないこと」を分けてしまうと、それが失敗のもとになるんです。ですからこれを決して分離《ぶんり》しないで、学ぶときは、どうせ学ぶなら楽しく学ぼうと、学ぶことから楽しみや喜びを得ようとしてみる。仕事をするときは、どうしても仕事をしなければいけないんだから、仕事をしながら仕事の中から生きる楽しみ、喜びを得ようとしてみる。社会と関わりを持つときにも、何とかしてその中から生きる楽しみ、喜びを得るようにしてみる。

そうやって、何があっても楽しみ、喜び、充実感、幸福感を得るようにしようと思ってしまえば、すべてストレスなく、失敗することなく人生がうまくいくのではないかと思います。人間の「生き方」について、論理的に語るとこんなにシンプルなのです。

「勉強がつまらない」は法則違反《いはん》

子供がわがままを起こして、「私は自分が楽しいことしかやりません」と言い張ったり、勉強はつまらないから学校にも行きたくない、と言ったりするときには、生命の法則を破《やぶ》っています。魚の群れも「魚として生きるために学ぶべきこと」は、文句を言わずに学んでいるのですから、人間も学ぶべきことは学ばなくてはいけない。そこでわがままが通るはずがありません。だから失敗する人は、生きるためにはどうせ勉強しなければいけない、ということを忘れてしまって、「楽しくないなあ、もうやめた」と思ったりしてしまう。

そこはほんとうに気をつけなければいけないポイントです。三つのことからは、いくらなんでも逃げられません。そのことをしっかり理解してください。

「生命との関係」が生きていること

では、生きるということはどういうことかというと、一言で言えば、他の生命との関係です。一番シンプルな例で説明しましょう。

生きるためには食べなければいけない。では、私たちは何を食べていますか？　石、砂、鉄の固まり？　違いますね。私たちは命があるものを食べています。命がないものは水以外、何一つ食べられないのです。私たちが他の生命と関係なくしていることは、ただ水を飲むことと呼吸することだけ。それ以外は、すべて他の生命との関係で成り立っているのです。

たとえば身体に、タンパク質やアミノ酸が足りなくなったら、足りないぶんのタンパク質、アミノ酸成分を取り入れればいいのですが、純粋《じゅんすい》アミノ酸だけでは身体が受け取

れません。カルシウムが足りないからといって、カルシウムの固まりを食べても身体が受け取らない。血液を作るために必要な鉄も、直接、鉄粉を食べても受け取れない。やはり何かの生命を通して摂取《せっしゅ》しなければならない。つまり、ほうれん草を食べれば鉄分が体に入るというようにです。

「自分の生命は他の生命によって支えられて、生かされているものである。」

この事実は若いときから、とても真剣に覚えておいたほうがいいことです。

関係を持たないという関係

そういうわけで、「しっかり生きている人」というのは、他の生命との関係がこじれておらず、うまくいっている人のことです。一方、生命との関係がうまくいっていると大丈夫なのに、関係がこじれるとたいへん危険だということは、たとえばアレルギー症状《しょうじょう》を見るとよくわかります。アレルギーの子供たちは、ある特定の食べ物を食べてしまうと生命にかかわる問題が起きたりします。卵アレルギーの子供がうっかり卵や卵が入っている製品を身体に入れてしまうと、たいへんなことになる。

そこで、この生命との関係をどう保《たも》つかです。自分の生命を支えてくれるものに対しては、それなりに親切な態度で仲よくすること。それから、自分の命に危険をもたらす危険な生命からは、離れて関係を持たないということ。関係を持たないという関係も、立派な「関係」なのです。

たとえば、熊《くま》が住んでいる所には行かないようにすること。熊は危険だからと殺《ころ》すのではなく、熊が隠《かく》れている森に入ってしまうと危ないから、行かないようにする。それで関係が成り立つのです。動物と遊びたければ、犬と遊びましょう、ライオンの群れに飛《と》び込《こ》むことは絶対にやめましょう、ということです。

どんな生命でも私たちの生命を支えてくれるわけではないのです。ミミズは枯《か》れ葉《は》を食べますが、人間にとって枯れ葉は食べ物ではありません。シロアリが食べる木は、シロアリにはご馳走《ちそう》かもしれませんが、人間には食べられません。このように、それぞれの関係は決まっているのです。

狭《せま》い見方では頭が悪くなる

私たち人間は、いつでもすべての生命をいっしょに見なくては、頭のいい人間にはなれません。人間だけとか、日本人だけとか、狭く考えてしまうと真理が見えなくなります。熊もライオンもサルも犬も猫も、鳥も魚も昆虫《こんちゅう》もミミズもアメーバもすべてひっくるめて、生命として見てみるのです。

そうすると、ミミズやアメーバさえも周りとの関係を持っている。鳥たちは種類ごとにそれぞれ周りとの関係を持っているし、巨大な海の中では、そこにすむ魚たちは種類ごとに自分たちの群れを作って、それぞれの関係を作って生きている。

生き物同士、危険な関係のところにはわざわざ行きません。お互《たが》いに放っておいて、棲《す》み分《わ》けているのです。

「殺してしまえ」はナンセンス

このように生命の関係には二種類あります。

第一には、命を支えてくれる関係です。この関係のなかでは、お互い助け合ってうまくいくように気をつけるのです。

第二には、自分が食べられてしまうような環境からは離れていることです。たとえば、危険な生き物は殺してしまえ、という発想はダメ。生命は基本的にお互いの生命を支えあっているのだから、人間にはそんな権利はないのです。熊は私を殺して食べるかもしれません、熊には熊の「生命との関係」があるのだから、それに人間が当てはまらないからといって殺すべきではない。私たちに必要なのは、熊と関係を持たないでいるという態度です。トラやライオンや毒《どく》蛇《へび》とベタベタ関係を持ってはいけない。「毒蛇は人間を嚙《か》むんだから殺すべきだ」というのは、生命との関係を知らない人が唱《とな》える恐《おそ》ろしい思考です。私たちにとっては危険な関係であっても、生の関係においては、きちんと別のつながりがあります。それは危険な関係を放っておくこと。「関係ないという関係」を持つことです。

自然のおかげでなんとか生きてる

そういうふうに考えないで、現代人はただ生き物との関係を壊《こわ》してしまえばいいと思っています。ですが、そうやって特定の生き物との関係を壊すと、私たち以外の他者同士の関係も全部壊れてしまいます。

たとえば、野生ではトラなどの肉食動物がいてシカなどの草食動物もいる。シカが肉食動物に食べられてしまうのはかわいそうだと思って、肉食動物だけを処分してしまうとどうなるのでしょうか？　シカだけが増えて植物を全部食べてしまって、森が破壊《はかい》されて、シカも死んでしまいます。またたとえば、イナゴという生命がいる。鳥たちの餌《えさ》になるし、日本では人間もイナゴの佃煮《つくだに》を食べますから、いてほしいのです。しかし、イナゴが大量発生するとどうなるでしょうか。植物を全部食べつくして、草一本も残らなくなってしまいます。これでは生命のバランスが崩《くず》れてしまう。一種だけ飛びぬけて増えてしまうと、他の生命まで道連れになって死んでしまいます。

そうなってしまえば、みなにとって迷惑《めいわく》な話です。それは自然の摂理《せつり》で、ひとつの種が突出《とつしゅつ》して増えてしまうと困るのです。なぜなら、生命は他の生命がないと成り立たないからです。一種の生命だけが増えてしまうと、生命のシステムがぜんぶ壊れてしまうのです。

私たちがなんとかまだ無事に生きているということは、自然の摂理というバランスがちゃんと働いているおかげなのです。ですから、人間が病気になるからといって、あるウイルスを絶滅《ぜつめつ》させてやるぞ、なんてことは決して考えてはいけません。お医者さんがそう考えているから、院内感染《いんないかんせん》とか、薬が何もきかない耐性病原菌《たいせいびょうげんきん》とかが現れてくるのです。そうなってくると、病院に行って治療《ちりょう》をしたら、もっと酷《ひど》い病原菌を移されて帰ってきた、ということになってしまうかもしれない。自分の身体にウイルスがあったら、身体《からだ》の免疫《めんえき》機能がウイルスを退治して自分を生かすし、身体の力で勝てなかったら医者にお願いして、注射でウイルスを処分してもらうのであって、地球上からそのウイルスを完全に消してやるぞと思うことはよくないのです。そうなってくると、どこで生命との関係がこじれてしまうかわからない。

ですから、生きることは生命との深い関係であるということが、まず私たちが必ず知っておかなければいけないことです。

生きることの神聖さ

次に、私たち人間は人間だけでいっしょに生活していますが、つきあうのは学校の仲間たちだけだとか、家族だけだとか、そう思っているとうまく生きることはできません。そういう生き方ではだめなのです。人間の関係は、「人間」というものすごく大きいスケールで見た方がいい。「あらゆる人間との関係で生きているんだ」と考えてほしいのです。それは別に、変な思考ではありません。

確かにご飯はお母さんが作ってくれます。そのご飯を買うお金はお父さんが働いて持ってきてくれている。けれども、お母さんとお父さんがいればそれで十分だということは、成り立たないのです。あなたが着ている服は誰が作ったのでしょうか？　お父さんの給料は誰が払《はら》っているのでしょうか？　お父さんの会社が作っている品物を誰かが買って会社が利益を得る。そのほんの一部をお父さんが給料として貰《もら》っているのです。ですから、自分が毎日生きていられる条件を満たすためには、無数の人間とのあいだに関係を持っているのです。ちょっとハンカチを持って鼻をかむだけでも、そこにはものすごい数の人間との関係が控《ひか》えています。それを理解しておかないといけない。

そうなってくると、生きることはそれ自体、すごく「神聖なる関係」のように思えてきます。すると、精神的に非常に落ち着きます。服を着るときでも、ちょこっと人間との関係を感じて、「みなのお蔭《かげ》です」と思えると、すごく気持ちが安らぐのです。

無駄遣《むだづか》いもイライラも関係への無知から

私が着ている袈裟《けさ》（僧衣《そうい》）はミャンマーでつくられたものですが、いろいろな人の手によって布を織ったり、染めたり、縫《ぬ》ったりといった工程を経て、店で売られて誰かがそれを買って、ミャンマーからはるばる日本まで持ってきて、いま私が着ているのです。その関係を感じると、なんとなく神聖な気分になります。衣をミシンで縫製《ほうせい》する人も、「どこの誰かわからないけれども、これはお坊さんが着るのでしょう」と思うと、なんとなく気分がいい。布地自体は、被服《ひふく》工場で大量のロールで作りますが、サイズを合わせて切って一人一人の人間が着る衣になる。布はまた、カーテンに、テーブルクロスにいろいろなことに人びとは使っている。そういうふうに一つ一つのものに、無数の人間との関係があるのです。

これをしっかり覚えておくと、ものすごくリラックスできますよ。神聖な気分になってきて、イライラがなくなってしまうのです。

それから社会でよく見られることですが、私たちは無駄遣いするわ、ものは雑に扱《あつか》って壊すわ、ゴミはいい加減に好き勝手に捨てるわという、恐ろしく行儀《ぎょうぎ》悪い生き方をしています。それで、ゴミを分別しましょうとか、ゴミを減らしましょうとか、苦労しているのですが、それにまたお金がかかってしまう。とにかく二酸化炭素を出すことをできるだけ控えましょうとか、冷房《れいぼう》の温度は二度ぐらい上げておきましょうとか、あれこれと説教して、結局はうるさいだけ。誰も実行してくれません。

でも、神聖な気分があれば、自然に手が動くのです。カランからの水がポタポタ落ちていたら、なんのことなく手を伸ばして閉めます。それは誰の家のカランであっても関係ありません。公園のものであろうが、たまたま遊びにいった家の台所のカランでも関係ないのです。ゴミを見たらちゃんとゴミ箱に入れる。「私が捨てたものではないんだからいいや」ということは、生きる方法を知っている人のやることではありません。

ですから、ひとつの行為にはすべて人間との関係があるとわかった人なら、ストレス、緊張感《きんちょうかん》もなしに、とても行儀のいい美しい生き方をするようになってしまうのです。

「生きる意味」に悩《なや》んではいけない

だいたい若い人たちは「なんで生きているのか」「何のために生きているのか」「生きる目的はなんでしょうか」とか考えてしまいがちです。そうすると、「生きている意味なんかないじゃないか。私みたいなだめな人間がなんで生まれたのか」と思いつめて、自殺したくなったり、生んだ母親に対しても怒ったりして、精神的にいかれてしまうのです。ただ生きていることが、他者とのいろいろな関係であって、神聖なるものであると思ってしまえば、どんな小さなことでもとても気分よくできるようになりますから、そういう問題もかなり解決できます。

たとえば、「ちょっとお湯を沸《わ》かしてください」と言われたら、「うるさいなあ。やりたくない。おもしろくない」とふてくされるのではなくて、「これは人が必要としていることだから、沸かしましょう」とスイッチを回せば、その時そこに無数の関係があるとわかるでしょう。それだけではなく、ガスというのは過去の生命の蓄積《ちくせき》です。ガスをつけるという一つの行為に、何億年も前の生命まで絡《から》んでいるのです。

また先程、呼吸と水だけは自然なものだと言いましたが、酸素濃度《のうど》をいちばんいい状態に保ってくれるのは誰でしょうか？　植物です。だから呼吸するたびに、そこにも生命がからんでいるのです。

好《す》き嫌《きら》いは成り立たない

生きるということは、そういう無数の、無制限の生命との関係だと知っていると、私たちが生きるためにはこの関係をしっかり保たなければいけない、という義務感が出てきます。だから関係をしっかり保つことが、すごく楽しいことになってくるのです。

私は何のために生きているのか・・・
私は知ってるよ
食べるためさ！

人間の社会で関係を保つために必要ないろいろな義務は、自然に出てくるものです。人間に生まれたら、一緒《いっしょ》にたくさんの義務がついてきます。それに文句をいうことはできません。「私はやりたくない」といったとたん、関係が断たれ、幸福に生きる権利を自分で捨てているのです。でも、みんな幸福になりたいし、楽しく生きていきたいんですから、決して捨てられないのです。

適切な例になるかわかりませんが、日本人ならば日本の法律を守る、法律に従うということは自然発生する義務です。法律を大事に守ると宣誓《せんせい》してもしなくても、それは関係ありません。「私はいやです」ということは成り立たない。法律はいくらでも変えられるし、政府も悪い政府だったらいくらでも変えられるものです。ですから、あまりいいたとえにはなりませんが、いちおう人間に生まれたら、その時点で基本的に「人間としての義務」が成り立っています。私たちにはその義務を否定する権利はないのです。

ですから、いきなり「私はこれは好き、これは嫌い」と決め付けることは、本来は成り立ちません。しかし、人間は平気で好き嫌いを言います。でも、そうやって好きなも

のと嫌いなものがあまりにも多くある状態だと、その人が幸福になることはかなり危うくなります。好き嫌いが激《はげ》しい人は、社会から追い出される可能性が高く、結果として嫌われる、ということになってしまうのです。

人生には選択肢《せんたくし》が確保されている

人間にはどうしても「好き嫌い」の感覚がありますから、あまり厳密に考える必要はありません。大雑把でいいのです。たとえば、「勉強が嫌い」ということは成り立ちません。動物でも生きるために必要な勉強はしますから。人間に生まれたのなら、人間の社会に必要な勉強はしなければいけない。しかし、人間の社会に限っては勉強の種類がたくさんありますから、そのなかで好きなことを選んで学ぶ。それでいいのです。勉強が嫌いではなくて、「いろいろある中から好きな勉強を選びました」と選択すればいいのです。選択肢はたくさんありますから。「勉強なんか嫌いです」という権利は誰にもありません。勉強はしなければいけない。しかしそこで「あなたは何を勉強するのか？」という希望は、社会が聞いてくれます。社会が多数の勉強の選択肢を与えてくれますから、そこから選択ができます。それを選ぶ場合は、自分の好き嫌いがはたらいたっていいのです。

たとえば、人間は食べていかなければなりませんが、人間には食べるものとしてたくさんのものが社会から提供されています。そこから選ばなければいけない。食べることは拒否できません。幸福に生きていきたければ、食べなければいけない。しかし何を食べようかなというところでは、好き嫌いは通ります。

ですから人間として、完全に好き嫌いをなくすというのは、無理だと思います。ものすごく理性があって、ずばぬけた知識人で、瞑想《めいそう》でもして心を育てた人なら、どんなことでも好き嫌いに関係なく乗《の》り越《こ》えることができます。けれども、私たちにはそこまでは無理ですから、レストランに行ったら、自分の好きなものを選んでお金を払って食べ、嫌いなものにはお金を払わない、ということでいいのです。

ですが、何でもやる前から「好き・嫌い」ということは成り立ちません。選択肢を与えられたところで、初めてそれが成り立つんです。絶対的に、好き嫌いのない人生は成り立ちません。条件的にはあり得るということです。

「好き・嫌い」より「できる・できない」が肝心《かんじん》

好き嫌いについて、もう少し学ばなければいけないことがあります。

たとえば、あなたは何を勉強するのかというとき、「私は数学が好きだからこれをやるぞ」といきなり飛びつくかもしれません。そのとき気をつけた方がいいのは、好きかどうかよりは、上手にできるかどうか、成功できるかどうかが肝心ということです。だからその場合は、好きか嫌いかとか楽か苦しいかではなくて、百点満点でできるものを選んだほうが、その人は正しい関係を持っていることになります。社会から見れば、「この子供はこの分野の勉強では百点満点を取っているから役に立ちますよ」ということになるのです。

あなたの能力を社会が買ってくれるか？

ですが、「うちの子は絵が好きで、絵を選んでいますけれども、なかなか立派な絵は描《か》けないし、学校でも認めてくれない」というと、それは最悪です。人間が勉強なしに生きていられないのは先程言った通りですが、私たちが勉強したものを社会が買って、私たちに食べるものを与えてくれます。社会というのは、いちばん資格のある人からものを買うのです。

私たちは店に行って賞味期限が切れているものではなくて、賞味期限があるものを選びます。服を選ぶ場合、ぼろぼろでかっこ悪くて品質が悪い服ではなく、いいものを選びます。みかんの籠《かご》からみかんを一つ取る場合には、いいものを取るのであって、「これは腐《くさ》っているから食べよう」ということはしません。腐っているものは除《の》けておいて、なるべく新鮮《しんせん》でおいしそうなミカンを選んで食べるのです。

同じように、私たちの能力を社会が買おうとする場合、いつでもトップクラスのものを買おうとします。だから生きるためには勉強が必要です。それも自分がトップレベルでできるものを選んで学ばなければいけない。それは避《さ》けられないことです。そのときだけは好き嫌いではなくて、満点でできることを選んだ方がいいのです。

ときどき歌手になりたいと思って努力して、それなりに歌唱力もあるのですが、なかなかヒット曲が出なくて、何年も下積みで苦労して辞めてしまう、というケースがあります。それでは人生台無しです。辞めてから普通の仕事をしようとしてもうまくいかなくて苦労する。それは好き嫌い、だけで選んでしまった結果なのです。

満点でできる仕事が人生に喜びをくれる

ですから、選ぶときは、かっこいいからとか、親が言うからとかで仕事を選ぶのでも、ただやりたいから選ぶのでもありません。そういう選択もできますが、やはりどんな仕事なら自分は満点でできるのか、と考えて仕事を選ぶ必要があるのです。

そうすると、心に喜びが湧《わ》いてきます。みな「好きな仕事ができれば最高に幸せだ」と言いますが、それは正しくない考え方です。好きな仕事を社会がくれても、本人が上《う》手《ま》くやれないなら幸福にはなれません。たとえば、森の仕事あるいはレンジャーのように自然公園を守る仕事などは、冷暖房付きの部屋で楽をすることはできないし、時々、夜も森のなかに入る羽目になったりするかもしれず、とてもキツイかもしれません。でも自分はそれを満点にできるとなれば、雇《やと》っている社会が、「あのレンジャーの人は、森を公園をしっかり守っているんだ。木を一本一本知っているんだ。住んでいる動物たちのことを一匹ずつ知っているみたいなものだ。だから助かるし、あの人に任せておけば大丈夫だ」と信頼《しんらい》してくれます。そうすると、本人にはすごく楽しい充実感が出てきます。「この仕事では、私の右に出る人はいないんだ」と自信を持って誇れるからです。

楽な仕事ではなくて「楽しみな仕事」

そういう仕事は楽な仕事ではなく、「楽しみな仕事」です。うまくいくと楽しいのです。お医者さんの場合でも、医者は決して楽な仕事ではありませんが、自分が治療《ちりょう》した患者《かんじゃ》さんが早く治ってくれれば、すごく楽しいのです。しかし、親が医者だから、息子も親に勧《すす》められて医者になった、という場合はちょっと問題です。その仕事が本人に向いていなければ、かわいそうに患者さんが死んでしまうはめになるかも。

両親が医者で病院まで持っているのに、息子はお百姓《ひゃくしょう》さんになったということでも、彼が百姓の仕事を完璧《かんぺき》にできるなら私は大丈夫だと思います。あるいは、ロック歌手になったってかまいません。それで人気があって、すごくいい歌をバンバン作ったりして、みなに喜びを与えていて、みながその人に期待しているならば何も問題ないのです。ですから、自分でほぼ完璧にできる仕事を選ぶことです。その場合、あまり好き嫌いは気にしない方がいい。なぜならできる仕事を選べば、その仕事が喜びを与えてくれますから、好き嫌いを考える余地《よち》もなくなってしまいます。結局、仕事のおかげで人生が楽しくなってしまうのです。

世のなかで言っていることは、順番が違うのです。「好きを仕事に」とよく言われますが、そうではなくて「できるから楽しくなる、好きになる」というのが本当です。好きを仕事にしてしまうと困ったことが起きます。人間の好みというのは、コロコロ変わるし、一定しません。いま好きな仕事が、あとから嫌いになったらどうするのでしょうか？　それで苦しんでいる人もけっこういるでしょう。だから先程から言っている「できることを仕事に」が、いちばんうまくいく方法なのです。ぜんぜん文句が出ない、異論の成り立たない方法です。

生きる意味を探すとみじめ

それから「何で生きるのか」という、生きる意味というところで、みなよく引っかかってしまいます。「こんなおもしろくない勉強はしたくないんだ」とか、「こんな奴隷《どれい》みたいに会社に使われて、雇われているなんて惨《みじ》めな人生でしょうか」とか、そういう思考を持っている人びとがいますが、彼らは屁理屈《へりくつ》で勘違《かんちが》いしているだけです。人生に意味があるかないかということは、人間が考えるべきものではありません。もし生まれたことに意味があるならば、それは私たちが真っ先に知っているはずです。

調べても調べてもなかなか見つからないのが「生きる意味」なのです。調べて見つからないということは、ないということです。もしかしたらあるかもしれません。でも、誰も見つけていません。誰も見つけられないものは、あると思うより、ないと思ったほうがいいのです。

たとえて言えば、ペガサスはもしかするといるかもしれないけれども、人間には絶対見つけられません。それをどうやって、いると言えるんでしょうか。

「意味があったらやる気が出ます。人生には意味がないんだから、何もやる気が起きません。勉強をやる気も、仕事をする気も起こらない」というのは、思考が間違っているのです。

知識で役に立つ「関係」を築く

ここでのポイントを確認しましょう。

生きる意味や勉強する意味を探すことよりも、自分が勉強して得た知識を、自分が生きる上でうまく使うということが大事です。その知識を使って人との関係を保っていくことが、生きることなのです。

たとえば誰かがとても丁寧《ていねい》な日本語を学んだとします。正しい発音をマスターして、美しい言葉をしゃべるように訓練する。そうすると、この丁寧で正しい発音の、美しい日本語に、聞く人々は喜びを感じるのです。そうして人びとは、その人に結婚式やイベントの司会をお願いしたり、アナウンスの仕事を頼《たの》んだりするようになるでしょう。だから、私たちが何かを勉強したら、それは何らかの関係で、必ず人びとの役に立つのです。

またたとえば、面白いからやってみようかなと思って、ある子供が英語を習い始めたとしましょう。最初は小さな子供たち向けの英語の絵本を読んで英語に慣れる。それからどんどん読み進んでいって、普通の小説でもなんでも英語で読めるようになってくると、ただの個人の好みでは終わりません。その子の英語能力が、結局は社会の役に立ってしまうのです。

「金になる」思考で不幸になる

みなが間違うのは、「金になるんだよ」という、とても汚《きたな》い思考に犯されているからです。そう思うのは、勘違いです。金になっているのではなく、「人の役に立っている」のです。だから周りの人が、「助かりました。ありがとうございます」と、その人に感謝しているだけなのです。そのしるしがお金であって、自分の手に入るお金は、自分がいい仕事をしたんだという、ただの印にすぎません。それなのに「儲《もう》かるんだからこれをやりなさい」などと言って煽り立てるから、みんな人生は苦しいだけで終わるのです。「収入がすごくいいから、あの仕事に決めた」では、苦しい人生になるに決まっています。

たとえば習字の勉強をする人でも、「これで習字の先生になって金を儲けるぞ」と思ったら、すごく苦しいし、うまくいかない。そうではなくて、ただとにかくひたすら習字を習えば自然と身に付いて、人々の役に立ったりする。そこで役に立った人が「ありがとう」と言う、その感謝のなかにお金がちょっと入っていて、それで自分の人生は成り立つんです。自分が満足したところで相手が喜ばなかったなら、話になりません。

仕事の評価は「生命への貢献《こうけん》」度《ど》ではかる

どんな小さなことでも、何かしら人間の役に立つのですから、神聖な気持ちで取り組まなければいけない。人間だけではなく、もっと他の生命にも、植物にまで役に立つならば、もっと善いことになります。だから、誰かが自然界を守ろうということを仕事にするなら、その人はよりたくさん、生命のために役立っているのです。たとえば、病院のお医者さんになるか、北海道の湿原《しつげん》を守る仕事をするかで比較《ひかく》してみましょう。病院のお医者さんになったほうが明らかに多くの生命を助けられるように表面的には見えますが、湿原の管理者のほうがもっと多くの生命を助けている可能性があるし、実際自然を守っているのです。そういう広い視野で考えることが必要です。

とにかく、どんな小さな仕事でも人の役に立つことは当たり前ですし、人の役に立たないものは仕事ではありません。それはただの趣味《しゅみ》です。趣味というのは、ただわがままに自分のエゴを喜ばせるためだけのものです。趣味ではお金は儲かりませんし、金が出て行くだけです。社会は「あなたを喜ばせているではないか、だから金をくれ」と要求します。ほんとうは、人間には仕事以外の趣味は必要ではありません。仕事そのものがたいへん神聖なもので、ものすごい充実感が溢《あふ》れているのです。

「趣味は仕事」ならば幸せもの

ですから、「趣味はなんですか?」と聞かれて、「仕事です」と胸を張って言えるならば素晴らしいことです。この社会はぜんぶアベコベ思考だから、そんなことを言ってしまうと変に見られます。「あの人は趣味もない人だから」と思われてしまうのです。でも、変に見られるのは、世のなかがアベコベ思考でいままでした話をわかっていないからです。

世のなかで言う「趣味」というのは、暇《ひま》な時間を何で過ごすかということです。ですが、暇な時間があるということは、結局もったいない生き方です。そんな無駄に過ごす時間はないのです。私たちは一秒一秒生きているのだから、どんな時間でも人の役に立った方がいい。たとえ一分生きても人間関係が発生します。だからどんな一分でも一分ですから、何か役に立つようなことをしたほうが立派な人生なのです。

充実感をもってしっかり生きよう

だからまず、しっかり生きるべき、ということを覚えておいてください。生きる意味、目的は、見つかりませんから放っておいてください。そうではなくて、生きることは神聖な行為だから、勉強する場合もしっかり勉強する。いい加減であいまい中途半端《ちゅうとはんぱ》に勉強すると、親にも、学校にも、友達にも、先生たちにもすごく迷惑で、みんな苦労します。多数の人びとに迷惑をかけて関係を壊しているのです。それで自分がふざけて勉強しなかったといっても、時間は止まりません。毎日年を取っていくのですから。

十二、三歳《さい》で勉強が嫌《いや》だとふざけていると、五、六年経ったらもう二十歳になっている。時間は止まりません。それでろくにいいことをやってない人が二十歳になってしまうと、社会にとっては多大な迷惑です。それで二十五、六歳くらいで結婚して子供でも作ったら、将来の人類にまで迷惑をかけることになりますよ。それはみなぜんぜん気付いていないことですが、ものすごく大きな罪なのです。だからしっかり生きるしか道がないんです。何をやっていたとしても、しっかり生きるしか道はありません。しっかりやらないことは、生命との正しい関係を切ってしまうことなのです。

しっかり生きることに苦労は無用

誰かにお茶を入れてくれと頼まれて、お茶を入れるカップが汚れていたら、洗って拭いてお茶を入れるのは、言わなくても当たり前にすべきことです。「別にコップが汚れたままでも私には関係ない。お茶を入れてと言われたから入れるんだよ」などという話は成り立ちません。なぜなら、「お茶を入れてください」というのは人間関係のなかで言われたことです。誰かがその人を必要としているから、頼まれたのです。ですから、しっかりやるということは教わらなくても、これは義務です。それなのに、この世界ではしっかりやることに、ものすごく苦労して金をかけて訓練しているんです。

たとえば、尼崎の電車事故の報告書を見ると、鉄道会社はただのいじめのような日勤教育をやっていました。いい大人に土下座《どげざ》させたり、ゴミを拾わせたり……。いかに人間の能力を壊して、人格まで壊して仕事をできないようにするか、ということしか考えていない。そんな「教育」を受けたところで、自分が電車を一分遅《おく》らせたことを改善することにはぜんぜんつながらないでしょう？　だから、どっちもどっちで、神聖な仕事をしていないのです。人の生命を預かっているんだから、安全運転するのは当たり前のことです。そう感じた人は、電車の操縦桿《そうじゅうかん》を握《にぎ》ったとたん、「これはとても尊《とうと》い仕事だ。ちゃんと信号を確認したり、声を出して点検作業したりすることは、ひとつひとつ大事なことである」と自覚して、運転するたびに充実感を感じるはずです。その当たり前のことが外れてしまっています。ですから安全という当たり前のことを真剣に議論していることと自体、社会が崩《くず》れている現れなのです。料理を作るときに「清潔《せいけつ》に作りなさい」と言わなければならないとしたら、それは基本が崩れているということです。ほんとうは、そういうことは、ごちゃごちゃ説教するものではないのです。

関係のなかで人が助かる

ですから、生きるというのは大変なことで、それによって無数の生命が助かっていて、すべての関係がそのように成立しているという、基本的な生き方を学んだ方がいいのです。

なぜ生きるのかと言っても、そんなことわかりません。でも生きること自体がたいへんな仕事だと学んでほしいのです。

たとえば、新潟《にいがた》などの豪雪《ごうせつ》地帯では、雪下ろしや除雪作業があります。それに携《たずさ》わる人々は、寒いなかで徹夜《てつや》してでもやっています。ここで、なんで私がこんな不幸な仕事を選んだのかと悩む必要はありません。その仕事によって、どれだけの人の役に立っているかと考えて楽しくやればいいのです。

レスキューの仕事をやっている人々は、ものすごく元気です。それは自分たちが危険なところに駆けつけることで、人が助かることがはっきりわかるからです。ヘリからロープで降りて、危険な所で遭難《そうなん》している人を見つけて、怪我《けが》をしていないかと調べてあげて、自分を危険にさらしてでもなんとかして人を助けてあげる。だれかが「あなたこんな危険な仕事より、サラリーマンになったほうが楽でしょう」と言ったって、その人は自分の仕事で人が助かっていて、自分が人の役に立っているとわかっている。

それくらい誰かが派手に助からないとみんな理解しないのだから、人間はかわいそうだなと思います。溺《おぼ》れている人を救い出して人工呼吸をすれば、命は助かりますけれども、生命との関係はそれだけではありません。どんな小さなことでも、どんな仕事であっても、それによって生命は助かっているのです。

極端に言えば、子供が宿題をする。それで人類が助かるのです。だからいい加減にしてはいけない。

かなり昔の話ですけれども、私は小学生くらいの子供たちに算数を教えていたことがあります。そのときは、私はただ答えが正しいからといって、丸をあげませんでした。数字をしっかり書いているか、列をしっかり書いているか、イコールサインが出るところまでビシッと整っているかまで調べます。そして、あまりにもずれていれば、「なんだこれは！」と叱《しか》りました。すると子供たちは、「解答だけ正しければいいわけではないんだ、全体的に正しくなければいけない」と理解したのです。みな立派に育ちましたよ。

生きる能力を磨《みが》くことが勉強

何度も言いますが、われわれには、しっかり生きる義務があるということです。しっかり生きてないということは、無数の生命に迷惑をかけるということになってしまいますし、いのちも粗末《そまつ》に扱うということになります。ですから何をやるときにも神聖な気持ちでやるということがどうしても必要なのです。

世のなかでは、学校に行ってテキストの勉強をすることとか、試験でたくさん点数をとることだけが勉強だとか、偏差値《へんさち》が高ければありがたいとか、そうやって人生に関係ないものから評価しようとします。

ですが、勉強はたった一つというわけではありません。勉強というのは、どのように生きるのか、何をしてあなた自身が、自分の食べるものを得られるのかということです。トラの子供は狩りをすることを小さい時に学びます。それが勉強であって、それから独立して生きていくのです。数学ができるとか、英語ができるとか、項目別ではありません。どんな人間でも人間に生まれたのだから、人間として生きる能力を持っているはずですし、心配する必要はない。

魚が泳げるかどうかと心配する人がいるんでしょうか？　バカバカしいことです。魚は当然泳げます。泳げなければ、卵から出た瞬間《しゅんかん》に死んでしまいますから。魚は泳いでえさをとって自分の生命を守る。そこは学ぶのです。同じように人間でも、どんな人にでもできることが、必ず何か一つ、どころかたくさんあります。だから自分が何をして社会に、人類に、生命に貢献するかということだけ考えればいいのです。

自分のできることをする人が立派な人

ですから、学校の成績だけが物差しになるわけではありません。人生のなかで、「勉強ができなくてよかった」というケースもいくらでもあり得ます。

たとえば、ある村で生まれた兄弟がいたとします。兄貴はすごく頭がよくて勉強ができるから、親も喜んで進学させて、村を出て都会の学校へ進む。村を出て、いい大学に入って、それから立派な仕事が見つかって、もう村に戻《もど》る気はまったくない。あるいは、生まれた村のことすら忘れて、別のどこかで結婚して、それで一日忙《いそが》しくしているのです。一方、弟の方は勉強ができなくて、村の学校を出ただけでなんとか村で生活している。ですが、もしかすると弟は村で能力を発揮して、みんなに頼りにされるかもしれない。たとえば地震《じしん》で雪崩《なだれ》が起きた時に、彼が村の老人たちを助けてあげたとする。そうなったら、「この子が勉強できなくてよかったなあ」という結果になるでしょう。お兄ちゃんのほうは、いまどんな国に住んでいるかさえわからないのですから。だから勉強ができるかできないかでは、人生は決まらないのです。

私たちは人間に生まれたならば、人類と他のすべての生命に貢献できることはたくさんあります。自分が何で貢献できるかということを探して、それを極めていく。それで生きることは楽になります。

誰一人も、生きるために、みじめな思いをする必要はないのです。清掃《せいそう》の仕事をしようが、ガソリンスタンドで仕事をしようが、労働者で建築現場で働こうが、どんなところででも、自分にできることをやればそれこそ立派です。

だから人間は、みじめな思いをする必要はみじんもありません。思考がおかしい人は、自分をみじめだと思ってしまいます。いつでも、私は私ができることをやっているのだと、それを自慢《じまん》できればOKなのです。

生きることは神聖なネットワーク

そういうわけで私たちがする勉強も、日々の仕事も、すべての人類の生命に関係があって、ネットワークになっているのです。自分が服を着るときでも、そのネットワークのなかで服ができあがって、自分が恩恵を受けて助かっている。自分がおにぎりを食べる時には、たくさんの人の技術とたくさんの仕事がからんできます。「お百姓《ひゃくしょう》さんが米を作ってくれた」といっても、水田ではたらくトラクターなどの機械は誰が作ったのでしょうか。トラクターに入れた石油はどこから来たのでしょうか。コンビニのおにぎり一個のなかに、最先端《さいせんたん》の科学開発までもからんでいます。私たちがただ、おにぎり一個を美味しく食べることさえも、生命の大きなネットワークがお互いにうまくバランスをとって行動した結果なのです。そういうわけで、自分もこのネットワークの一部だとよく理解すると、「しっかり生きていなければいけないんだ」という気持ちが生まれてきます。

ですから、「生きる意味はなんでしょうか?」と問う必要はありません。「あなたはしっかり生きているのか?」ということが、私たちの考えるべき問題です。なぜならば、生きるということは生まれて大きくなって、若者になって、中年になって、年を取って死ぬというぐらいのプロセスです。そうやって見ると、別に何のこともないのです。ただそれだけのことなのです。ならば、せっかくもらった生きるエネルギーを「かっこよく、正しく生きる」ために使ってしまえばいいのです。

第2章　正しい生き方をやってみる

正しい生き方って何だろう？

私たちはどんな生き方をすればいいのでしょうか。この問いの答えは「正しい生き方をしなさい」ということです。次に「では、正しい生き方って何でしょうか？」という疑問が出てきます。

たとえば学校で生徒が何か悪いことをしているとする。先生は生徒を叱《しか》るべきか、あるいは「この頃《ごろ》の子供たちは、みなこうだからいちいち叱ったって意味がない」と思って無関心でいるべきか、どちらが正しいかわかりません。子供たちはふざけてお互《たが》いをからかったり、いろいろなことをやったりする。「どうせ子供だからお互いに小突《こづ》いたり、悪口を言ったりするのは当たり前のことだ。だから自然のことだから黙《だま》っていよう」という態度を取るのか、あるいは、「これはいじめだ」と見て割って入るべきかと

いうことです。
ときどき学校でいじめによる自殺が起きたりすると、学校側が「いじめはなかった」と言い張っている場合があります。もしかすると先生たちは、「どうせ子供はこんなもんだよ」と思っていた可能性もあります。でも子供たちの立場から見れば「いじめ」だったのです。あるいは子供同士の喧嘩《けんか》に先生が割《わ》り込《こ》んで、「何をやっているのか！」と職員室に連れていって叱っても、子供たちはただ遊んでいただけかもしれない。だからこの世のなかで、どうすればいいかということは、人間にはあまりよくわからないのです。ある見方でみると悪いし、別な見方でみると善い。このような調子では、自分はどうすればよいかがわからなくなる。

その両方にも入らない、正しいと言うべき方法もあるはずです。それを仮に「第三番目の道」だと名づけておきましょう。

戒律《かいりつ》とは「生き方」のこと

善悪がよくわからない世のなかで、なんとか正しい生き方というものを探《さが》さなくてはいけない。そこで第三番目の道が現れます。あまり気にしなくても、自分の生き方が正しくなる方法があるのです。

いちいち一つ一つ考えに考えて行動しようと思うと、一生何もできなくなります。普通に自然に生きている、その生き方が正しくなければいけない。それが学ぶべき「生き方」ということです。

仏教には「生き方」をあらわす専門用語があります。**「戒律」**です。戒律と聞くとみな驚《おどろ》くのですが、ただ「生き方」のことなのです。戒律を守るということは、「生き方を決める」ことです。仏教の「生き方＝戒律」には五つの項目があります。仏教用語では、五戒《ごかい》と呼ばれるものです。

不殺生《ふせつしょう》――「生命を殺《ころ》さない」命を守る人こそが守られる

第一に、生命は殺さないこと。どんな理由があろうとも、生命を殺すことは正しくありません。相手が敵であろうが、嫌《いや》な人であろうが、生命は殺してはならない。なぜなら一つ一つの生命に、生きる権利があるからです。自分が他の生命を奪《うば》ったなら、自分が自然法則を破《やぶ》ったことになります。

「殺さない」ということは、自分が人びとの、生命の生きる権利を守ってあげること、認めてあげることを意味します。だから「私は生命を殺しません」と、自分で生き方を決めるのです。そう決めておくと、生きることがすごく楽になります。絶対やってはいけないことだけ決めておいて、他は自由にやればいい。絶対やってはいけないことの第一は、「生命を殺すこと」なのです。

そうするとみんな、変なことを考えるんですね。「じゃあ、悪人はどうするのか？」

と。悪人を殺すのは仕方がない、いいでしょう、と言ってしまうと、全部崩《くず》れるんです。なぜなら、私たちはどうやって、「相手が悪人だ」と判断できるのでしょうか。自分勝手に「あの人もあの人も悪人だよ」と決められるのでしょうか。

パレスチナ問題を例にしても、イスラエルに土地を奪われたパレスチナ人の側から見れば、イスラエル人もそれを支援《しえん》するアメリカ人も悪人です。イスラエル人の側から見れば、テロを繰《く》り返《かえ》すパレスチナ人が悪人です。あるいは中東の人びとから見れば、イギリス人、アメリカ人は悪人です。イギリス、アメリカから見れば、イスラムや中東の人びとは悪人なのです。もし悪人を殺していいとすると、お互いに殺し合いが続くばかりできりがありません。だから正しい答えは、「誰も殺してはならない」なのです。

殺されるような状況《じょうきょう》になったら、とにかく逃げればいいのです。

それに、自分は決して生命を殺さないと決めた人は、だいたい殺されません。生命の権利を守ることを生き方にしているのだから、誰もその人に向かって手を挙げることができなくなります。なぜならば生命の法則を守っているからです。宇宙を貫《つらぬ》く法則ですから、たとえ神様でもそれを破ることはできません。ちっぽけな悪人がそれを破ることはあり得ないのです。

それならば、殺人など重犯罪にかかわる明らかな悪人の場合はどうするのでしょうか。その人が悪いことをして、報《むく》いを受けて勝手に不幸になるのですから、こちらには関係ないのです。たとえば、人を殺して犯人が逃亡しているとします。情報提供を呼びかけてもまったく情報がない。犯人はまんまと逃《に》げているわけですが、行為《こうい》の結果から逃げられているわけではありません。犯人が社会でそれなりに立場があった人でも、立派なマンションに住んでいたとしても、そこにはもう帰れません。名前も言えないまま逃げて逃げて、みじめに隠《かく》れて生きているだけでしょう。だから生きている毎日、毎日、本人が犯《おか》した罪《つみ》の罰《ばつ》を受けています。悪行為の結果からは誰《だれ》も逃げられません。だから結局は逮捕《たいほ》されるよりみじめなのです。

悪人を捕まえて裁くことは、警察と司法に任せておけばいいのです。裁判所で犯罪者を裁くのは、法にのっとった手続きですから、誰にも問題が起きません。しかし、もし自分が殺人事件の被告に腹を立てて、裁判を受けている被告をいきなりぶん殴《なぐ》ってしまったら、傷害罪で逮捕されるのは自分です。犯罪のニュースに腹を立てて、怒《いか》りや憎《にく》しみで仕事や勉強が手につかなくなって損《そん》をするのも、結局は自分です。それってバカバカしい話でしょう？　だから悪人に腹を立てるのは、まったく無駄《むだ》で余計《よけい》なことだと、はっきり理解した方がいいのです。

生命を殺さないということは「生命に生きる権利がある」と認めることで、それはとても立派な生き方なのです。

不偸盗《ふちゆうとう》――「盗《ぬす》まない」とは「一人分」で生きること

次に、私たちがやってはいけないことは「盗むこと」です。盗むということは他人の持ち物をとることですが、他人の持ち物はその人が生きるためのものです。その人がお金を持っているということは、その人が生きるためにがんばって、社会からいただいたお金です。私たちにはそれをとる権利はありません。私たちが人の物を盗んでしまったとき、私たちはその人の生きる権利をとったことになります。自分が金を欲《ほ》しいなら、自分がそれなりに社会に貢献《こうけん》して、それに適した分をもらうのであって、自然法則によって自分に与《あた》えられているもの以外をとってしまうと自然破壊《はかい》です。

水でも余計に使ってはいけない。空気でもよけいに破壊してはいけない。野菜でも食べ物でも、量を考えずに料理して、余《あま》らせて無駄にしてはいけません。なんにせよ、一人分の分量があります。この一人分以外、使ってはいけないのです。そうすれば、世界はみんなよくなるはずです。

なぜいまの世のなかでいろいろな問題があるかというと、ある一部の人々が一人で百

いただきます
いただきます
ペロリ
同じ一人分だよ
んじゃ
においだけ
もー
んじゃ
見るだけ
ダメ!

万人分もの割り当てを独《ひと》り占《じ》めにしているからです。そうすれば自分に有利に商売ができるからという理由です。もしも自分の土地から石油が出るなら、金持ちになるのが当たり前です。それで自分が遊ぶために家を作ったり、飛行機を買ったりするのはいい。しかし、それでお金が終わらないのだったら、大きな病院を作ったりして、余計な儲《もう》けは人類を助けるために使わなければいけないのです。

一人にある割り当ては一人分だけです。自分がたくさんもらえるようになったら、余分は気持ちよくお返しする。そうすればなおさらその人は立派になるのです。

この生き方で何を勉強するのかというと、一人の生命を支えるための適量というものがあるということ。私たちは、適量でストップして生きていかなければならないのです。たとえば、いくらでもお金があるからと言って、朝も昼も夜もお風呂をわかして、水をジャージャー流したりしてはいけませんし、二四時間、家中の電気をつけたりして、無駄に使ってはいけません。それは自分の割り当てを超えたことです。

そういうことに気をつけて生きると立派な人間になって、人生がおもしろくなるはずです。

不邪淫《ふじゃいん》――性欲《せいよく》を満たそうとしてはいけない

三番目は不邪淫。これは性欲を控《ひか》えることです。

性欲が体に生まれるのは自然なことですが、だからといって、どんな人でもつかまえて自分の欲を満たそうとする権利はありません。

だから、そこは理性的になる。多くの一般《いっぱん》社会の法律では、一人の男性は一人の女性と結婚《けっこん》することになっています。結婚しなくてもいっしょに暮らしたら、その人の生命すべてに責任を持たなければなりません。子供が生まれたら、その子供を育てなければならないし、相手が病気になったら面倒《めんどう》をみなければいけない。食べるものも与えなければいけない。住むところも与えなければいけない。悩《なや》んでいたら慰《なぐさ》めてあげなければいけない。そういう、ある一人の生命を完全に自分が面倒《めんどう》を見るのだと覚悟《かくご》するなら、自分の性欲をその人といっしょに満たしても、それは一向にかまいません。

そうではなく、「あなたは女だから」と言って、その女の子をモノにしよう、というのは理由になりません。性欲は肉体に生まれる衝動《しょうどう》ですから、コントロールできないとすごく危険なことになってしまいます。性欲をコントロールできなかったせいで人殺しは起こるし、仕事のキャリアを失う人がいるし、家族は壊《こわ》れてしまうし、と人生がだめになってしまいます。

それから、性欲は必ず満たすべきだという、とんでもなく恐《おそ》ろしい思考があります。これを吹聴《ふいちょう》するのはだいたい男性ですけれども、女性もたまにはいます。性欲というものは、満たしても満たさなくても、本来は生命に関係ありません。そこが食欲との違《ちが》いです。食欲を満たすと元気になります。一方、性欲を限りなく満たそうと思ってしまうと、どんな結果になるかわかりません。よい結果が出てくるのは、先程言った一人の相手を選んで、その人の一生を面倒見るんだという覚悟がある場合くらいです。

性欲を正しくない方法で満たそうとしなければ、間違って痴漢《ちかん》したとか、間違って学校の女子生徒に手を出したとか、そういう過《あやま》ちはなくなります。男の先生がそこをはっきり決めていれば、女子生徒も先生を信頼して、どんな問題でもどんな悩みでも打ち明けることができる、美しい師弟関係ができあがるのです。

不妄語《ふもうご》——ウソをやめることは智慧《ちえ》を育てること

四番目は不妄語です。嘘《うそ》を言ってはいけないということです。

嘘を言うのは、人を騙《だま》すためです。自分の都合で、人を騙して得をしようと嘘をつく。もうひとつは自分が何かやばいことをしでかして、これを隠したい場合も嘘をつきます。ですが、人は基本的にあまり騙されたくありません。それなのに騙すということは、人をバカにすることです。人をバカにしてしまうと、自分がバカをみることになります。

なぜなら嘘をつく人のことは、誰も信頼《しんらい》しません。平気で嘘をつく人は平気で他の悪いこともする。嘘をつくということは、すべての悪い行為の大本、すべての悪行為の強力な応援団なのです。ブッダは、「嘘をつく人にできない悪いことは何もない」とおっしゃっています。嘘をつく人には、すごく変な勇気がついてきます。どんな悪い罪でも犯してやろうという勇気です。でもそれは他を害し、自己破壊《はかい》に到《いた》る勇気ですから、決してあってはならない勇気なのです。

そこでどうしても人間は、人に言えないことを色々とやってしまいますから、嘘をつかないようにするのは、けっこう厳《きび》しいことです。だからいっそう「嘘をつかない」と決めると、自然と人に言えないようなことをやらなくなっていきます。すると自分がすごく頭のよい人間になって、幸せになってしまうのです。

それから、事実であっても言ってはいけないこともあります。「嘘をつかない」というのは、事実ならなんでも言いなさいということではありません。その事実をばらすことによって、たいへん危険な結果になることは言ってはいけないのです。たとえば、国も一般国民に言えない秘密《ひみつ》をいっぱい持っているでしょう。それをばらしてしまえば国がたいへん危険なことになる恐れもあるから言わないのです。

わかりやすい例では、ある男がどこかにいって、ゆきずりの女性と親しくなったりする。それは一回きりの関係かもしれませんが、友達のひとりが「この人は結婚しているのに、あの女性とこういうことをした。奥さんに言ってあげなければ」と偉《えら》そうに告げ口してあげたとします。言ったことは嘘ではありません。でも言っていいものでしょうか？　それでその家族は無茶苦茶になって、たくさんの人びとに不幸を与えてしまう。事実を言ったことで人殺しに発展したりするし、誰かに殺されることになったりもする。戦争を引き起こしたりする可能性もあります。ですから事実だからといってなんでも言うべきではありません。人の幸せになることだけを言うべきなのです。

　また、精神的にそんなに強くない人が病気を罹《わずら》って、末期状態になっていて、本人が必ず治ると思っているとします。看病《かんびょう》する人びとやお見舞《みま》いする人びとに、あれやこれやと文句を言ったりもする。そこで、「あなたは末期癌《がん》で治らないんですよ」と言うべきでしょうか？　言ったところで、その人は大きなショックを受けて悩むはめになるかもしれません。そこでもし聞かれたらどうすればいいでしょうか。「ああ、それはお医者さんが見込みないと言っていたよ」と言っていいわけではない。では、「お医者さんは治ると言いましたからね。まあ気にすることはない」とか嘘を言ってもいいのかとい

私に投票してくれたら
行動は早く
税金は安く
ぜったいうまくいきます

うと、それもよくない。嘘をつかないと決めた人は、そこでどう言えばいいか自分で考えるのです。それで頭がよくなります。

たとえば、私の場合はどうするかというと、一応、嘘を言わない主義ですから、まずはっきり言う。「あのね、病気というものは、そんなに自分が思うほどうまくいくものではないんだよ。治るか治らないか、誰が知るものですか。お医者さんにしたって、一日でも早く治したいと一生懸命《いっしょうけんめい》がんばっているし、私たちは私たちで一生懸命がんばるし、あなたはあなたなりにがんばってください。病名とかなんとかは余計なことで、そんなことはどうでもいいんだよ」と。別に、お医者さんから言われたことはぜんぜん言っていません。「大丈夫、大丈夫」とも言っていないから嘘も言っていない。別なこと、それも役に立つことを言っているのです。その瞬間《しゅんかん》の智慧がなぜ出てこないかというと、戒律を守っていないからなのです。「嘘を言わない」と決めれば智慧がはたらいて、すぐにその場で言うべき言葉が出てくるでしょう。

不飲酒《ふおんじゅ》――酒もドラッグも大切な「智慧」の土台を壊す

五番目は不飲酒です。日本の社会で誰もが気をつけるべきことですが、仏教は酒を飲んではいけないと言っています。酒を飲むと頭が悪くなるのです。酒だけでなく、いろいろなドラッグも同じことです。仏教では、自分の頭が悪くなることは、絶対にやってはいけないと教えているのです。

人間にある唯一《ゆいいつ》の宝物は、脳細胞《のうさいぼう》だけです。虎《とら》には牙《きば》と強い足があり、馬にも蹴る足があり、蛇《へび》には餌《えさ》をとるための毒があります。他の動物が生まれるときには、必要な道具が揃《そろ》っていますが、人間には脳しかありません。それも残念なことに脳があるだけで、育てなくては頭はよくならないのです。脳細胞を持って生まれても、ちゃんと教育を受けて育てないと役に立たない。だから、脳をどのように開発するのかということは、人間にとって欠かせない大事なことです。それなのに、その原材料を壊そうとするとはどういうことでしょうか。これから作品を作ろうと思っているところで、その材料を壊そうとするなんて、話になりません。酒、ドラッグなどで脳そのものが壊れてしまいます。これはものすごく罪なのです。

それから、大人が、仕事が苦しいから、トラブルがあるから、楽しいからと酒を飲んだりします。その人びとは仕事が苦しいのなら、仕事が楽になるように能力向上するようにに努力すべきなのに、その代わりに酒を飲んでなおさらクタクタになる。そして次の日はもっと仕事が苦しくなって、もっと酒を飲むことになる。酒を飲んだときだけ楽しいという人は、人生が暗いに決まっています。毎日、朝も昼も午後も夜も、二四時間楽しくなければ、正しい人生ではありません。酒を飲んだときが一番楽しいというのは、自分が失敗しているという証拠なのです。

とにかく脳細胞は壊してはいけない。それから、酒を飲むと頭がいかれてしまいますから、言ってはいけないことを言うわ、やってはいけないことをやるわ、いろんな恥《は》ずかしい結果を招《まね》き、社会人として失格になってしまいます。

酒をまったく飲んだことがない、飲まないという人を知っていますけれども、そういう人びとはいつでも楽しくしていますし、病気にもならないのです。

そういうことで、五戒という五つの項目があって、その五つだけやらないぞと決めて、他は自由に生きていればいいのです。楽に生きるためにはそういう方法しかありません。これでいいのか、ああだこうだと迷わずに、五つだけを気をつけて控えればいいのです。

人の役に立つ生き方四か条（四摂事《ししょうじ》）

ここまでやってはいけないことについて述べましたが、やってほしいこともあります。それは四項目あって、仏教用語で**四摂事**といいます。

人間というのは、やっぱりみなに好かれたいのです。自分にも生きる意味があるという充実感をもっていたいのです。

たとえば、女性の場合、子供を産んで子育てするときはすごく元気で、すごく積極的で、誰にも負けません。力強いです。旦那《だんな》さんでも、子供の面倒《めんどう》をみているおかあさんに対しては口答えは何もできません。どこからあの力が出てくるのでしょうか。

私たちはだいたい「あなたがいなかったら困りますよ」と頼《たよ》りにされている時、すごく元気になるのです。他の人から「あなたがいると、ほんとうに明るくなって助かりますよ」と言われる人生だったら成功だと思えるでしょう。自分の周《まわ》りに皆が集まって、

「どうしましょう」と相談されて、自分がアドバイスしたら周りの人が元気に動いてくれる。そんな頼りにされる明るい人間になれれば、とてもありがたいことです。だから人から好かれるために、あるいは、正しく生きるために、私たちはやるべきことが四つあるのです。

布施《ふせ》——人に何かしてあげるのは楽しい

一つは、いつでも何か自分が他人にしてあげる生き方です。決して、ギブアンドテイクではありません。「あなたがこれをしてくれたから、私はこれしてあげる」という商売の話ではなく、自分からすすんで、ちょこっとしてあげる。仏教用語では「施《ほどこ》し・布施」といいます。

電車で席を譲《ゆず》ることも、公園のゴミを拾ってゴミ箱に捨てることも、自分からすすんで何かしてあげることです。そうすることで、自分が明るくなって活発になるのです。

友達の家に行って、ご飯を食べようというときに「私が料理を作りますよ」と作ってあ

げる。あるいは、友達が料理をするなら「じゃ、皿洗いは私に任せてください」と申し出る。どこにいても、何かしてあげることをすぐ見つけてやってあげる。それを苦もなく自然にやるのです。

お金もちょっと余分にあるなら、「一万円ぐらいはなんとか人のために使おうではないか」と思って、ボランティアの団体に寄付してあげたり、何か社会のためになることをしてあげる。そういう生き方を続けていくと、自然と、自分にも明るさと力が入ってくるのです。

愛語《あいご》――やさしい言葉を話す

次は言葉について。人間というのは言葉を話す動物です。それは人間しかいないのです。私たちはなぜ喋《しゃべ》るのかと言えば相手に何か伝えたいからでしょう。それならば相手に、役に立つことを伝えるように喋ってください。知らなくてもいいことまで相手に言うと、相手にとってはすごく迷惑《めいわく》なのです。

たとえば、私が宇宙物理学の講義をやっても、相手には迷惑でしょう。宇宙物理学なんて知りませんから。また、小学生がちょこっと科学の質問をしたとして、アインシュタインの論文を持ってきて、数式を並べて相対性理論を解説しても、相手にとっては迷惑なだけでしょう。

だから、必要なことを言わないといけない。それもやさしく、理解できるように、おもしろく言うことです。必要なのは、そういう話術なのです。これはすべての人間に必要なことです。

だからこれを短い言葉で「愛語」と言います。「愛語」とは聞いた人が喜びを感じる言葉です。けっして「あんたはすばらしいひと、立派な人、なんて美人でしょうか」とかいうおだてでもお世辞《せじ》でもありません。お世辞でも言うべき時は言うしかないけれども、ただ人をおだてて騙して自分が利益を得るという話ではなくて、自分自身の話術の問題です。やたらとたくさんしゃべる人は、必ず無駄話をして世界に迷惑をかけています。世界の時間を無駄に使っているのです。

ですから、使う言葉は少なくても大丈夫です。少ない言葉だけど、言ったことはすごいことで、みながびっくりするという場合もあります。少ない言葉でちゃんと整理《せいり》整頓《せいとん》して、ピンポイントでおもしろくしっかりと語ってしまう。そういう話術を仏教では「愛語」と言います。タレントさんの話術とはまったく違うものです。大事な内容を、おもしろく、誰でも理解できるように言うことが「愛語」なのです。

利他《りた》——よきアドバイザーになろう

次は施しのときに言ったことと通じますが、人の役に立つような人間になることです。たとえば、学校の同級生たちが「勉強に興味《きょうみ》がないんだ」と言ったら、「みなでおもしろく勉強しましょうよ」と呼びかける。「私も興味ないよ。でも頭が悪くなっちゃったらまずいから、五人で集まってやりましょうか」とか、何か問題が解決できなくて引っかかっているのなら、ちょこっとアドバイスして「こうしたらうまくいきますよ」とかね。そういうふうに役に立つように計らうのです。競争主義にとらわれているとなかなか実感が持てないでしょうが、ライバル同士であっても、自分が学んでいることをライバルに教えてあげるとライバルに負けることはありません。自分の頭脳はなおさら成長しますから大丈夫です。

私も若いころは怠《なま》け者《もの》で、勉強するのはあまり好きではありませんでした。しかし負けず嫌いでしたから、試験では満点をとりたかった。私がとった手段は、自分がいろいろ調べて調べて、この本にこういうことが書いてあるよ、この本ではこういうことを教えているよと、みなを集めて教えてまわってあげることでした。私の言ったことを他の友達がみな一生懸命ノートに書く。それを見たある人が、「あなたが自分でいろいろ勉強して研究したことを、みなに言ってしまうのは危ないですよ」と忠告してくれましたが、私は気にしませんでした。なぜかというと、そのグループに教えることで、もう一

つの能力がわたしについてきたからです。それは、学んだものを効果的にプレゼンテーションするという能力です。それで試験になると、試験というのは自分の能力プレゼンテーションすることですから、私は完璧にできてしまう。いつもみなを助けてあげてましたので、私が高い点数をとっても、誰からもみじんも嫉妬《しっと》されませんでした。

そういうわけで、いつでも何か他の生命のためになることをしたほうがいい。そうすると、生きることが抜群《ばつぐん》に楽しくなりますよ。

平等《びょうどう》——差別しない人こそが尊敬される

最後に、一切の生命に対する差別を捨てることです。

生命は平等で、私もみなも同じです。この「平等」というのは、はっきり覚えておいた方がいいことです。体の形がどうであろうとも、色がどうであろうとも、何人《なんぴと》であろうと平等なのです。たとえば、ちょっと太っている人をいじめたりするなら、もう地獄《じごく》に落ちるほどの罪です。「やーいデブ！　かっこ悪い！　気持ち悪いや」と言うのはたいへんな罪なのです。なぜなら、太っていることは、その人にとってどうにもならないことです。もし、私に向かって「あなたは色が黒いんだ。ああ気持ちが悪い」と言う人がいたとして、私はどうすればいいんでしょうか。それはひどい差別であり、侮辱《ぶじょく》です。人を差別した人は、ものすごく大きな罪を犯したことになるのです。

ですから人を形で判断するのではなくて、生命は皆、平等であるということだけ心に置いておけば、とても立派な人間に育ちます。

九項目の生き方を守って自由に生きる

それで「どう生きるべきか」という質問の答えは簡単に出ます。絶対やってはいけないことが五つあります。必ずやってほしいことが四つあります。これらをあわせた九つを「生き方」として守っておけば、ほかは人生、自由に何をやってもいいです。

べつに唇《くちびる》や鼻にピアスをつけたって、そんなことはどうでもいいのです。若者がいろいろおしゃれしたり、派手なことをしても、それで人生がだめになるわけではありません。そんなことをやりたがるのは、ある年齢の時だけだから。

でも、ここで教えた九つは、子供のころから死ぬまで一生、「生き方」として守って欲しいのです。五つは絶対やらない。四つはしっかり守ってみる。それが正しい生き方ということになります。

第3章　慈《いつく》しみの心を育てる

犬や猫とのギブアンドテイク

私たちが幸福に、明るく生きていたいと思うなら、他の生命との関係を大事にすること、そして自分にとって危険なものとは、関係を持たないという関係を持つことが重要だと述べてきました。

次にあるのはお互《たが》いが得をする関係です。

たとえば人が猫の面倒《めんどう》を見ている場合、猫は自分がかわいがってほしいときだけ勝手にすり寄ってくる。猫は「自分がこうしてほしい」ということしか考えていませんが、飼っている人は勝手に「かわいい、かわいい」と思って、そこで喜びを感じるんです。猫は別に、人間に可愛《かわい》がられるように振舞《ふるま》おうとは、ぜんぜん思っていません。「さあ、わたしの面倒をみなさいよ」「いま、お腹がすいてるんだから餌《えさ》をよこしなさいよ」「いま寂《さび》しいんだからかわいがってくれ」などと、でっかい態度で鳴くのです。こちらが寂しくて猫をかわいがってあげようとすると、「嫌《いや》だ」と言って逃《に》げます。それでも私たちが猫を飼《か》ったりするのは、勝手にかわいいと思っているからです。

犬を飼っている人もいますが、犬の場合はその関係が少々違《ちが》ってきます。犬には人間に飼われているという自覚があるから、自分が人間を喜ばせるために何をすればいいかということを考えてしまうのです。だからたとえば、番犬として飼われている犬は、本気で番犬をやろうとして、命を捨てても主人を守る。犬から見れば、「まあ、人間なんか関係ないから逃げちゃえばいいや」ということもできます。野生の場合は群れを守るために吠《ほ》えたりもするのですが、人間に飼われていればそういう問題はないから、別に逃げたっていいのです。それでも犬は、自分がお世話になっているからとにかくこの人を守ってあげなければ、ということでちゃんと仕事をする。それも一つの生命との関係です。

これはどちらかというと、ギブアンドテイク関係ということになります。でも犬との関係で考えると、犬が「人間の役に立つだろう」と思って吠えても、ときどき役に立たない時がある。近所迷惑《めいわく》になって、かえって飼い主が困ることもある。自分の主人を守ろうと思って、飼い犬が他人に攻撃《こうげき》してしまって、たいへんな結果になるということもあり得ます。

人間同士のギブアンドテイク

人間の世界では、もしちゃんとしたギブアンドテイク関係ができているなら、バランスがとれています。会社にいるときは会社の仕事をちゃんとする。会社もその人に適切な給料を払《はら》う。それならお互《たが》いさま、ギブアンドテイクで問題はありません。しかし、世のなかにはそううまくいっていない、うまくギブアンドテイク関係が成り立っていない場合があります。

たとえば、サービス残業という日本語がありますが、社員に何も払《はら》わないで余分《よぶん》に仕事をさせて、それで会社だけ儲《もう》けてしまうということがあります。そうなってくると、仕事をしていても、どこかで嫌な気分になってきます。またたとえば友人関係でも、相手が自分の都合でいろいろ世話になっているのに、こちらが何か頼《たの》んだら「ごめんね、ちょっと忙《いそが》しくて」などと断ったりすると、ちょっと雰囲気《ふんいき》が悪くなります。また、いつでも自分の家に飛んできて、「ご飯を作ってくれよ。おいしいものを食べたいな」なんて言われて最初は喜んで作っていても、相手は自分に一度も作ってくれないとなると、微妙《びみょう》に雰囲気が悪くなるのです。

だからギブアンドテイク関係が崩《くず》れてくると、人間関係がちょこちょこと悪くなったりする。魚と釣《つ》り人《びと》の関係のように、一方的に自分の利益しか考えない人間がいるのです。すると決してうまくはいかない。

また、さっきの番犬の場合と同様に、「自分は人間社会で助けられているのだから、人間社会のために何かしなければ」と善意で運動するのですが、けっこう的を外してしまうこともあります。たとえば、平和運動をやっている人びとが、激《はげ》しいデモからエスカレートして、暴動まで起こしたりして、車に放火したり商店のガラス窓まで壊《こわ》すということがある。平和運動だからと、人間社会のためによかれと思って行動しても自分の一方的な考えで動いてしまうと、結果として社会の役に立たないということもあるのです。

見返りを期待しない関係

そこで、なかなか珍《めずら》しいことですが、他人が自分に何かをしてくれるという見返りを期待せず、自分にできることで社会や人類に対して貢献《こうけん》する場合もあります。自分はしてあげるだけで、向こう側からは何もしてもらわない。なんの見返りも期待はしてない。それがいちばん尊《とうと》い関係ということになるのです。

見返りを期待せず他の生命を助けている人に対して、助けてもらう側の生命が同じようにお返ししようとしてもまず無理です。たとえばすごく貧しい国で、学校にも行けない子供たちのために、自分の能力の範囲《はんい》で学校をひとつ作ってあげて、先生たちも何人か雇《やと》って、子供たちに本も買ってあげて、学校に行けるようにしてあげるとします。五〇〇万円、一〇〇〇万円と集めて持って行ったのですから、たいへんな苦労をしています。ですが、学校に通う子供たちには恩返しなんかできません。ニコッと笑ってくれるくらいです。けれども、そういう関係はすごく尊いのです。

なぜ尊いのでしょうか？

それは自分が人間としての責任を果たすだけでなく、プラスアルファのことをやっているからです。責任を果たすだけなら、家族の面倒をみるだけで十分です。ですが、見返りを期待しない行為《こうい》は、さらにプラスアルファのことをやっているのです。

この世のなかで行為に結果がないということはありません。自分がネットワークのなかですごく善いことをしてあげていると、自分のグレードというか、株がどんどん上がっていって、自分が堂々と生きる権利を獲得《かくとく》しています。リーダーとしての力も獲得しているのです。

ふつうは、「まあまあ幸福に生きればいいんだ」というくらいが、みんなが思っている次元ですよ。まあまあ収入もあって家族もいて、あんまり欲もなく大それた夢も持たずに、問題なく生きていればいいのではないかと。それは別に悪いことではない。それでもいいのですが、見返りを求めないで他に貢献する人びとは、アメリカン・ドリームを持っていなくても、人類のなかで幸福になる桁違《けたちが》いの権利を獲得している。冗談で株という言葉を使いましたが、一〇〇円で買った株がものすごく高騰《こうとう》しているようなものです。ですから、ちょこっと売っただけでも、驚《おどろ》くほどのお金になります。それでなおさら幸福に生きる権利、その国の王になるべく生まれたような生き方をすることができるのです。それがいちばん最後に説明した、見返りを期待しない人間関係です。見返りを求めないで、とにかく助けてあげる。何かを人びとのためにしてあげるという、そういう生き方もあるのです。

自己チューだらけの世界で大きく生きる

世界の人間は、だいたいみな自分のことしか考えていません。自分のアイデンティティーは何かとか、自分はどんな生き方をすればいいかとか、自分はこれからどうすべきかとか、自己中心に考えています。ですが、そういうふうに考えると、人生はそれほどうまくいきません。もっと大きな気持ちをもったほうがいい。私はどうすればいいのか、自分はどんな仕事をすればいいのか、というばかりではあまりにも考え方が小さすぎます。「私は私のためではなくてみなのために、大きなことをしてあげたい」とスケールを大きくして生きていければ、揺るがない幸せが手に入るのです。

愛という言葉は怪《あや》しい

そこで、そのスケールの大きな生き方とは何なのか、ということをブッダの教えから説明します。

その前に、どの宗教の本を開けても、よく出てくる言葉があります。「愛」です。言葉はあるけれども、はっきりとした言葉の説明もあまりなく、言ってる本人もわかっていないだろうとも思います。しかし、嘘《うそ》を言っているわけでもない。人間として互いを心配して愛していれば、すごく気持ちがいいし、小さな自分が大きくはなります。

しかし同じ「愛」と言っても、家族を愛しているのと、国を愛する、全人類を愛するということとは同じ意味でしょうか？

「愛」という単語ではまとめられないのです。愛、ｌｏｖｅという単語は、結局は男女関係の感情的なものに対して使っている言葉です。男女の愛というのは基本的には、自分のためです。基本的には自分が楽しいから、誰《だれ》かをつかまえて一緒になるというだけの話です。自分の欲求を満たした後で、相手のことも心配しましょうとか言っているんです。だからそれが宗教的な単語になってくると、かなり曖昧《あいまい》で意味がわからなくなってしまいます。

愛ではなく「慈《いつく》しみ」が必要

そうではなくて、生命の本来の姿から、生きるということはどういうことかと理解した上で、あるべき生き方を見つけなければいけない。生きるということはネットワークのなかにいるということで、自分が生きるということは他に生かされているということですから、そうなってくると自分に義務が生じてきます。他の生命にも何かしてあげなければいけない。すると、自分が他の生命にしてあげたことを、周《まわ》りの生命が自分にしてくれるのです。

それが生命としての基本なのです。だから仏教では「愛」ではなく、**「慈しみ（メッター）」**という単語を使っています。慈しみという単語を使うと、わが子も慈しんでいる、猫のことも慈しんでいる、ということが成り立ちます。自分は他の生命のことも慈しんでいると言えるからです。ですから、「慈しみ」ということが幸福に生きるための秘訣《ひけつ》になるのです。

それは、車には車輪が必要だというのと同じように、生命には慈しみが必要ですし、なくてはならないものです。なくてはならないけれども、生命には残念なことに慈しみは「ない」のです。ないから、誰の人生も苦しいし、うまくいかない。うまくいくためにはものすごく苦労しなければいけないし、苦労してうまくいったとしても、結局、引き算してみると、自分が受けた苦労と得た幸福とはなかなか割に合わないものです。

生きることは大変なことです。受験に合格することも、仕事を見つけることも、仕事をするのも大変なのです。だからといって、自分がうける苦しみと自分がいただくご褒《ほう》美《び》は、なかなか割に合わない。というのは慈しみがないからです。慈しみがないということは、その人が悪い人間、という意味ではありません。生命は誰でもエゴイストなのです。エゴイストだから自分のことしか考える能力がないのです。だから「生きる意味は何でしょうか」と聞いたりするわけです。

慈しみとは「友情」のこと

それは私は生かされているんだ、ネットワークの一部だ、ポイントの一つに過ぎないんだということがわかってないからです。だから幸福に生きるためには、他の生命との関係がうまくいくべきで、一切の生命に対してみんな仲間だ、という気持ちを育てないといけません。お互いに協力し合っているというところにあるものは、友情です。友人の関係はすごく楽です。人間関係で困る人でも友人関係では困りません。もしほんとうの友達であれば、その人といるときはすごく気が楽で、言いたいことも言ってしまうし、やりたいこともやってしまう。何の遠慮《えんりょ》もいらない。見栄《みえ》も恥《は》ずかしいという気持ちもぜんぜんないはずです。

ですから、生命に対して慈しみと友情を育てていったらいかがでしょうか。

まず慈しみは人間に「本来ない」ということをよく理解してください。人間は本来はエゴイストですが、エゴイストでは生きることが苦しくて成り立たないし、そのままいくと周りから潰《つぶ》されてしまいます。

そこで、いかなる生命でも幸福でいてほしいという気持ちをあえて育てるのです。みんなが幸福で元気でいるから、わたしも幸福で元気でいられるというように、幸福というのは、お互いさまの関係で成り立っているのです。だからありがとう、よかった、という気分が友情なんですね。

たとえば、家族がすごく明るくて元気で何一つ文句を言うこともないと、本人がすごく気分がいい。母親から見たら、旦那《だんな》さんや自分の子供が、元気で明るく生きていると、本人もすごく気分がいいのです。それが慈しみということです。「みな、幸福でよかった。それで私も幸福だよ」と。その気持ちを私たちはあえて育てなくてはならないのです。それが確実に幸福になる秘訣《ひけつ》ですよ。

友情の人は攻撃されない

そうして、アリに対してもゴキブリに対してでも友情が出てくると、おもしろいことに、向こうもこちらを攻撃しないのです。攻撃は、敵や嫌《きら》いなひとに対してするのであって、自分のことを心配する人にはしません。

トラは凶暴《きょうぼう》ですが、小さい時から飼《か》ってあげたら、猫と何のかわりもないのです。育てた人は攻撃しませんから、じゃれたり、一緒に寝《ね》たりします。

ですから友情があると、攻撃するのではなく、逆に愛するのです。そうすると生きるのがすごく楽しくなってきます。会社のなかでもどこでも、人間だけでなく動物さえも親切にする。それが楽しく生きるために必要なことなんです。

慈（メッター）――慈しみを育てる方法

さて先程言ったように、慈しみは元々ないものです。いきなり育てようと思ってもできません。ですから決まったやり方があります。まず、自分自身が自分のことをとても大事にしているのだ、自分自身は幸福になりたい人間で、不幸にはなりたくないし、失敗もしたくないのだ……という自分のほんとうの気持ちを確かめる。

それが確かめられない場合は、逆に考えてみるのです。「私は不幸になりたいのか」「私は何をやっても失敗したいのか」「私は病気になりたいのか」「事故に遭《あ》いたいのか」「皆にけなされていじめられたいのか」と自分に聞いてみるといい。すると、自分の気持ちが見えてきます。私は幸福になりたい、成功したい、みなにほめてほしい、認めてほしい、愛してほしいという気持ちが見えてくる。

この「自分は幸せでありたい」という気持ちを確認するために、仏教では決まった言葉があります。次の言葉を繰り返し、心に念じてみるのです。

私は幸せでありますように。
私は幸せでありますように。
私は幸せでありますように。

次に、自分が幸せになりたいのであれば、家族のみんなも、友達たちも、みんなもそうでしょうと、そういう人々に対して同じ気持ちをわざと育ててみるのです。やはり幸福であって欲しい、やはり成功して欲しいと。たとえば、自分の家族の誰かで一生懸命《いっしょうけんめい》勉強している人がいたら、うまくいってほしい、上手になってほしい、合格してほしいというふうに親しい人々の幸福を念じてみる。これも決まっている言葉があります。

私の親しい人々が幸せでありますように。

私の親しい人々が幸せでありますように。
私の親しい人々が幸せでありますように。

それからもっとスケールを大きくして考えると、生命ならみな幸せになりたいのです。ですからもうちょっと心が広い人間になって、いかなる生命であっても、それぞれにいろいろな生き方がありますから、それぞれうまくいきますように、幸福でありますように、元気でいられますようにと念じてみる。虎《とら》は虎で、熊《くま》は熊で、鷲《わし》は鷲で幸福でいてほしい、どんな生命であっても自分なりに楽しく生きてほしいと心に言ってあげるのです。そのための言葉も決まっています。

生きとし生けるものが幸せでありますように。
生きとし生けるものが幸せでありますように。
生きとし生けるものが幸せでありますように。

これは心に言ってあげる実践《じっせん》です。自分を改良するプログラムとして、何度も繰り返し心に言い聞かせるのです。何もしないままでは、自分の気持ちはすごく小さいものです。ですが、この言葉を心に言い聞かせることによって、自分の心がどんどん大きくなる。心が大きくなっていくことは、すぐその場でわかります。周りの環境と自分との関係がスーッと楽になっていくし、自分と他の生命との関係がすごくうまくいく。それは、人生がうまくいっているということです。

たとえば、病気になって薬を飲むとする。薬も何らかの形で生命にかかわるものから作ったものです。西洋の薬はそうでないものもありますけれども、ほとんどが生命と関わり合って作ったものです。だから、病気になって薬を飲むと、すぐ効《き》いてくれるの

です。

また、種を蒔《ま》いてもすぐに芽が出て、きちんと育ってまるでプロが作ったように美しく花が咲いてくれる。私たちにとっては法則ですから不思議ではないけれども、みなさんにとってはやってみると見事に物事がうまくいくようになることが、不思議と思うかもしれません。そうなってくると、ストレスがなくなるし、悩《なや》む必要もなくなって、楽しくなって余裕《よゆう》が出てくる。仕事で同じ失敗を何度も繰り返すこともなくなって、一回でびしっと終わることになるのです。

これは生命の法則ですから、不可思議なものでも、奇跡《きせき》でも、宗教的なものでもなんでもないのです。ただの真理、事実です。生命は生命に支えられてあるんだから、生命を支える気持ちになれば、自動的に周りの生命が自分を力強く支えてくれるのです。それを「慈しみの実践」と言います。もう一度、慈しみを育てるための言葉をおさらいしましょう。

私は幸せでありますように。
私は幸せでありますように。
私は幸せでありますように。

私の親しい人々が幸せでありますように。
私の親しい人々が幸せでありますように。
私の親しい人々が幸せでありますように。

生きとし生けるものが幸せでありますように。
生きとし生けるものが幸せでありますように。
生きとし生けるものが幸せでありますように。

この順番でせまい心を大きく拡げていくのです。繰り返し心に言い聞かせてみてください。

悲（カルナー）――相手を心配する気持ち

慈しみ（友情）だけではなく、もう一つ育てるべき心があります。いろいろな不幸に出会っている人びと、苦しんでいる人びとを見て、なんとかその苦しみがなくなってほしい、うまくいってほしいと期待すること。それが二番目です。仏教では、悲（カルナー）と言います。

生命の関係というのは相対的で、生命がいつまでも自分より苦しい立場にいるとは限らないのです。たとえばお母さんが熱を出して寝こんだなら、そのときは元気な子供が苦しんでいるお母さんを助けてあげるでしょう。その関係がずうっと続くわけではなく、次に子供の調子が悪くなったらお母さんが面倒を見てあげる番になる。だから生命の関係性ははっきり決まっていないのです。その都度その都度決まることです。だからこそ、どんな生命との関係にもさっと対応できるように悲の性格を育てておいたほうがいいの

です。
たとえば、ある人が病気になって入院して治療《ちりょう》を受けている。ひとりで病室にいて、しゃべる相手もいないし寂《さび》しくて、しょんぼりしていたとする。そのときに必要なのは、お見舞いに行って「どう、元気」とかなんとかいろいろな世間話でもしてあげたりして、その人に喜びを与えることです。欠けていたのはそういう関係だったわけですから。
このように、生命はその都度、その都度、何か欠けたりして困っています。そのときちょっと手を貸してあげる思いやり、悲（カルナー）の性格が大切です。それができるように、まず心のなかのわがままを削除《さくじょ》しなければいけないのです。

そのためには心のなかで、私の悩み苦しみも親しい人びとの悩み苦しみも、すべての生命にも悩み苦しみがないようにと、心に言ってあげることです。そうすれば、おのずとそういう生き方に自分が変わっていきますから、なおさら人生が楽になっていくし、社会が「この人がなくては困るんだ」という気分になってしまう。「あなたがいなくては困ります」と思われる人生は最高です。「いなくてもいい。あなた、いたの？」という状態は最悪で、人間らしからぬことです。だから悲を育てれば堂々たる力になります。悲を育てるための言葉は慈しみと同じセットです。

私の悩み苦しみがなくなりますように。
私の悩み苦しみがなくなりますように。
私の悩み苦しみがなくなりますように。
私の親しい人々の悩み苦しみがなくなりますように。

私の親しい人々の悩み苦しみがなくなりますように。
私の親しい人々の悩み苦しみがなくなりますように。

生きとし生けるものの悩み苦しみがなくなりますように。
生きとし生けるものの悩み苦しみがなくなりますように。
生きとし生けるものの悩み苦しみがなくなりますように。

喜（ムディター）――他人の成功を喜べますか？

それからもう一つ、人間がやっているとても悪いことがあります。それはみなが、強いライバル意識を持って相手のことを憎《にく》むことです。これは正しい生き方ではありません。生き方の法則を破ることです。人のことを嫌だと思ったり、憎んだりするということは、自分の存在を否定することになります。私たちは生命に支えられているからです。
「あなたがたのこと嫌いですよ」と言うのは、わかりやすく言えば、「あなたはご飯を作

ってくれるけど、あなたのことは大嫌いだよ」と言うようなものです。そうすると、誰だってご飯を作ってあげたくはならないでしょう。「あなたを信じていません。あなたは私のライバルです」と言ってくる人に、どうやってご飯を作って食べさせられますか？

私たちの生命は他の生命に支えられているのですから、他を怨《うら》む権利も憎む権利もありません。それなのに人間はエゴイストだから、間違った生き方をやってしまいます。ですが、そういう人間は、なかなか幸福にはなれません。なぜならば自分以外の世界全部を怨むことになりますから、キリがないのです。世界を、人類を、一切の生命を悪者にしていたら負けるに決まっています。

だから、競争はするものではない。競争すれば負けるに決まっているのです。

負けが嫌いならば、他人と競争をするのではなくて、逆の思考があります。みなの成功を喜ぶことです。他の人びとが何かをがんばってうまくいったら、素直に喜んであげる。「ああ！　よかったですね」と人の成功を喜ぶと、自分の心にもその喜びが入ってきます。相手の喜びプラスアルファで自分も喜びを得るのです。誰かが三か月間も苦労して、受験勉強をして合格した。それに自分も喜んでしまえばどうでしょうか？　自分は受験勉強をしていないから苦労してないし、試験にも行ってないけれども、相手が合格したことで、自分も楽しくなってしまう。エゴや憎しみさえなければ、そうやって簡単に楽しくなる方法が世のなかにはあります。生きることは苦しいなんて言っている場合ではないのです。ほんとうにちょっとしたことで、いくらでも楽しくなります。

いろいろな人について、ニュースを見たりしていると、それぞれ一生懸命がんばっているることが見えるでしょう。そうしたら「ああ、よかった、よかった」と喜んでみてはどうでしょうか？　「文才があるな」とか、「結構、歌がうまいな」とか、「あの人の演奏は、なかなかたいしたもんだな、よくそこまで上達したもんだな、よかったね」などと思うと、その度《たび》に楽しいのです。

自分の心が、とても簡単に喜びを感じてしまうことを、仏教では喜（ムディター）と言います。他人の成功、他人の幸福に、こちらもすぐ感動してしまうようになると、無量に喜べます。人間に必要なのは、その無量の喜びにあふれた生き方なのです。自分でがんばって何か成功して喜びを感じたところで、成功というものはあっと言う間に終わってしまいます。それから後がたいへんです。自分のことでしか喜べない人が、幸福になろうとしたって無理です。その代わり、他人のことでもちょっとしたことで喜びを感じられるように、自分の心を育ててみる。そうなってくると、いくらでも喜べるものが見えてきますよ。

私はある日、葉っぱの上の毛虫を見ていました。彼はその葉っぱを食べていたんですが、ちょっと危ない状態で落ちそうになっていました。この毛虫が一度地面に落ちてしまうと、もとの葉っぱにはもう戻《もど》れません。私たちからすると何のことはないけれども、毛虫からすると、枝の葉っぱの端《はし》っこからポトッと落ちたら、あなたの人生終わり、となるのです。しかし、この毛虫はなんとかがんばって、この葉っぱの上によじ上った。私はそこで、「ああ！　毛虫くんが助かった。これからたくさん葉っぱを食べて、無事サナギになってくださいね」ととても喜びを感じました。

だから何のことはない。生命を見るたびに喜びを感じることはできます。その心には精神的な問題はみじんも起こりません。

逆に、幸福ではなくて苦しんでいる生命を見たら喜びを感じないでしょうから、その場合は「早く幸福になって欲しい」という気持ちになればいいのです。それは前に説明した悲（カルナー）、哀《あわ》れみの気持ちです。これもまた明るい心です。

三番目のムディター、喜びの心を育てるための言葉も決まっています。

私の願い事が叶《かな》えられますように。
私の願い事が叶えられますように。
私の願い事が叶えられますように。

私の親しい人々の願い事が叶えられますように。
私の親しい人々の願い事が叶えられますように。
私の親しい人々の願い事が叶えられますように。

生きとし生けるものの願い事が叶えられますように。
生きとし生けるものの願い事が叶えられますように。
生きとし生けるものの願い事が叶えられますように。

捨（ウペッカー）――一切の生命は平等と見る

四番目に私たちが実践するのは、一切の生命は社会的にはいろいろ立場があるけれども、本来、みな生命として平等だということを理解することです。

そうすると智慧に繋《つな》がります。ものすごく心が大きな、立派な人間になるのです。

生命というネットワークのなかで、関係性のシステムのなかで、私たちが正しく生きようとすれば、慈悲喜捨の四つの生き方に行きつきます。他にはありません。競争するとか、ライバルを倒《たお》すとかはもってのほかです。ちゃんと法則を知っていれば、戦争をするとか、人をいじめるとかはすべて自己破壊、不幸の道であるとわかります。限りなく幸福になる生き方が、この四つの立場、慈悲喜捨の生き方なのです。

そしてそれは本来、生命に備わっていないということをわかってほしい。

たとえば、最初から、素直に相手の成功を喜べますか？　やはり場合によってだと思います。それが本来の姿なんですが、そうではなくて、どんなときも相手の成功を喜べます、というところまで人格を育てなくてはならないのです。

毛虫が葉っぱから落ちそうになって、また葉っぱによじ上ったら、毛虫が頑張《がんば》ったことを喜んで、これすごく楽しいんだよ、と明るい気持ちになれないといけません。でも私たちは素直にそれができない。毛虫を見ると「ああ、気持ち悪い」と思ってしまったり、潰してしまったりする。そういう人はなかなか幸せにはなれません。

ある日、東京で山手線に乗っているとき、ほとんど人がおらず、若い男女のカップルが仲良くおしゃべりをしていました。すると蛾《が》が電車に入り込んでしまってヒラヒラ飛んでいた。私は蛾を見たところで「おもしろいなあ。あなたは電車に乗ってきたけど、切符も買ってないし、ここからどこに行くのかなあ」と一人楽しんでいました。私の手が届けば外に出してあげたかったのですが、出られないであちこち飛んでいたのです。そしてカップルの上をちょこっと飛んだだけで、女の子がヒステリックに「ギャアーッ！」と叫びました。まるで野生の熊に襲《おそ》われたような感じです。それを見たとき、「あっ！　この人は幸福に生きる権利をなくしてるんだ。かわいそうだ。この人の人生は苦しいでしょう」と思いました。「あの蛾は、あなたを食べませんよ。いい加減、ほっといてください」と言いたかったくらいです。

東京のど真んなかで、蛾が飛んでいること自体がすばらしいことでしょう？　虫一匹も、蛾一匹もいない場所だったら、人間だって危なくて存在できません。蛾が飛んでいるということは、わずかでも自然があって、何か生き物がいるということですから、

「ああ、よかった」と思うべきなのです。もし、自分が買った野菜に何か虫が付いていたならば、その野菜は食べても大丈夫と言うことです。

慈悲喜捨の気持ちを育てる実践をする場合には、本来私たちはどうしようもないぐらいエゴイストであることを、まず認めないといけない。自分はどうしようもないぐらいエゴイストなんだけれども、幸せになりたい。そのためにはこのエゴイストの心を破って、どんどん広い心を作ることです。

それには四つのステップがあります。

四番目の捨（ウペッカー）では、エゴがなくなるだけではなくて、もっと頭のよい人間になります。一切の生命は平等であるとわかると、力がみなぎってきます。

たとえば、生命に対して、国民に対して、権力者が悪いことをする。それに何の恐れもなく反対することができます。「それはだめですよ。あなた方がやっていることで人々は困ります」と言えるのは、生命は平等であるということをしっかりと感じる人なのです。その人には、多くの人びとを助けることができますし、動植物も助けてあげることができるようになる。私はどう生きるべきか、と迷っている状態だった人間が、無数の生命を助けてあげられるようなすごい人間に進化するのです。その心を育てるための言葉はこうです。

私に悟りの光があらわれますように。
私に悟りの光があらわれますように。
私に悟りの光があらわれますように。

私の親しい人々に悟りの光があらわれますように。
私の親しい人々に悟りの光があらわれますように。
私の親しい人々に悟りの光があらわれますように。

生きとし生けるものに悟りの光があらわれますように。

生きとし生けるものに悟りの光があらわれますように。
生きとし生けるものに悟りの光があらわれますように。

私たちの前に敷かれているブッダの道は、生き方として最高の道です。そこそこ頑張って、適当に生きるという道ではありません。幸福にあふれて生きられるような道であって、何も神秘的なものはなくて、科学的・論理的に、生命の法則に則って説かれているものです。私たちはそれをブッダの言葉から学んで、実践してみるのです。やってみなければ意味がない。食べ物の写真を観たって美味《おい》しいとは感じられませんし、テレビの料理番組を見たってお腹は膨らみません。自分で作って食べなければ、何の意味もありません。この章の方法は、自分でやったらその日から結果が出ます。一〇年経ったら結果が出るとは、私は言いません。始めたときから、その場で結果が出ます。ですから、今日から実践してみるといいと思います。

第4章　人生に意味はあるのか？

目の前の「意味」を知る

私たちはなぜ生きているのでしょうか？

世界中の哲学者《てつがくしゃ》や宗教家が頭を悩《なや》ましている難問のようですが、答えはすぐ目の前にあります。

「死んでないんだから生きている」です。それが答えです。

私たちは目の前の事実を否定して、幻《まぼろし》のペガサスを探《さが》しているように、観念的な何かを探そうとしています。生まれた赤ちゃんは、誰《だれ》が教えてくれなくてもお母さんのおっぱいを吸いますし、子供を生んだお母さんも、誰が教えてくれなくても、自然に子供を抱《だ》きます。生命の法則がそうなっていますから、そんなこと教えてあげる必要はありません。「なんで私はご飯を食べているのでしょうか」とか、「なんで私は座っているのか」とか、「なんで私は本を読んでいるんでしょうか」とか、どこまでそんな無意味なことを考えるのでしょうか。

何かやっていれば、その都度その行為《こうい》に意味があるのだから、その瞬間《しゅんかん》でしていることの意味を探したほうがいい。そうすると、人生の無駄《むだ》がずいぶん消えるはずです。

なぜ、いま、これをしているの？

たとえば、テーブルの上にポテトチップスがあるとしましょう。勉強しながら、ストレスがたまったりして、いらいらした状態になってくると、何気なくポテトチップスに手が行って知らないうちに全部食べてしまう。でもそれってすごく身体《からだ》に悪い。特に私みたいな年寄りだったら、油だらけの高カロリーのものを大量に摂《と》ったことになりますから、身体の健康まで壊《こわ》れてしまう。私たちはそうやって、知らず知らずのうちに悪いことをいろいろやっているのです。ですがそれでは困ります。だからその瞬間ごとに、「なぜこんなことをやっているのか？」と明確に知った方がいいのです。

たとえば私がカップをとって、中身を飲む。なぜかといったら、ちょっと喉《のど》が渇《かわ》いていたからと言えばそれで大丈夫です。「そんなこと聞かれたってわかりません。ただ単に飲んだだけです」と言ったら困ります。どこまで飲むかわからない。ポテトチップスの場合でいえば、「なんでこれをとったのか」と考えると、「あっ、いま、ちょっといらしているんだ。これを食べちゃまずいな」と気づいて、それをやめられるのです。

だから大切なことは「なぜ生きるのか」ではなくて、「いま、なぜこれをやっているのか?」です。「なぜ生きるのか」と聞くならば、答えは、「あんた、死んでないから生きているんだ」でおしまいです。

瞬間瞬間に問えば答えが見つかる

つまり、毎日毎日、瞬間瞬間にやっていることに「なんでやっているの?」と聞くと、すぐそこに答えがあるのです。もし答えがなくて変だなと思ったら、その行為はやめればいいのです。

たとえば、ボールペンを持って、トントンとテーブルをそれで叩《たた》いている。「なんでこんなことやってるの?」で、「音が面白《おもしろ》いぞ」と思ったら、それが意味です。音が面白いんだったら、「どうぞ叩いてください」でいいのです。そうではなくて、「やっぱりいらいらしているんだ」と気づいたら、自分のいらいらはスーッとなくなるでしょう。それで人生の無駄がひとつ消えます。

ですから、なぜ生きるのかではなくて、「生きるということは何なのか?」と観察してください。生きているときにしていることと言ったら、呼吸する、しゃべる、食べる、歩く、座る、本を読む、寝《ね》る……。毎日やっていることといえば、結局そういうことです。なぜそれをやっているのかと聞いてみたらどうでしょうか。

生きることはとことんシンプル

たとえば、「子育て」という行為は誰もやっていません。子供が寒そうだから、ちょっと毛布をかけてあげようとか、お腹が空《す》いていそうだから、食べさせてあげようとか、

子供が泣いているから慰《なぐさ》めてあげようとか、寝る時間だから絵本を読んであげようとか、箸《はし》を自分で使おうとしているから、使い方をなんとか教えてあげようとか、やっているのはシンプルなことです。別にえらそうなことはやってないのです。それで手足がなんとなく動くようになってくると、自分でパンツをはいてくださいとか、自分で靴下《くつした》をはいてくださいとか、「ああ！　じょうずですね」とかひとこと言ったり、子育てというのは、そんなものなのです。

だからその瞬間その瞬間でやっていることが、生きることであって、シンプルなのです。誰も大胆《だいたん》なことはやっていません。いろいろな場合で無駄がありますから、「なんでこんなことをやっているのか」と自分に聞いてみれば、無駄はすぐに見えてきます。

いま、したことを説明できれば十分

それに、学校に行く子供たちもたいしたことはやってない。走るべきときは走るし、授業が始まる時には教室に行って座るし、先生が来るとみな起立して礼をするし、授業を聴《き》いているし……と、単純なことをやっているのです。

そこに無駄が入ってしまうと仕事は失敗します。そんなに「人生なんで生きるのか」と心配しなくても、なんでいま手を伸《の》ばしたのかとか、なんでいまカップを取ったのかとか、なんでいま立ったのかとか、それだけを気にすればいいのです。

たとえば、「なんであなたは椅子《いす》から立ったのか？」と聞いたら、答えは「手洗いにいくため」、それで十分です。

「神のみぞ知る」ことは相手にしない

ですからみんな変な思考、屁理屈《へりくつ》な思考で、「生きる意味」を探しているのです。何かわけがあって神様が作ったのではないかと思うなら、それは神様の勝手だからほっとけばいいでしょう？　生きる意味は神様だけしか知らないと言ってしまうと、それはすごく無責任な生き方になります。

たとえば、人を殺したりして、「神様からそう命じられました。言葉が聞こえました」などと言う人がいますが、とんでもないことです。神様が作ったと言ってしまうと、何をやってもいいことになってしまいます。何の証拠《しょうこ》もないことだったら、何でも言えるのです。

ですから、生きる意味は、ちゃんと目の前にあることだけです。総合的にまとめると「死んでないんだから生きている」だけのことです。

無駄を省《はぶ》く、これ有意義な生き方

ほんとうに問題にすべきなのは、私たちはどのように生きるべきか、ということです。生きる意味を探しているうちに時間がなくなって、肝心《かんじん》の「生きること」ができなくなってしまいます。ある高校生が半年間も、「生きる意味はなんだろうか」と考えていたら、そのあいだは勉強ができなくなる。その人にはいまの時間にやるべきことがあるのだから、それをやらなければいけないのです。そんな暇《ひま》はありません。七時には七時にやることがあって、八時には八時にやるべきことがあって、夜一一時、一二時になってしまうと、またやるべきことがあるのです。朝になったら、またやるべきことがあるので、朝起きることで、すべての仕事が終了《しゅうりょう》するわけではなく、また、すぐにやるべきことが出てくるのです。これが死ぬまで続くのですから、人には暇などありません。やるべきことを、その都度その都度やっていることが正しい生き方です。だから無駄を省くことだけがポイントです。無駄なことだけはやらないでください。

われわれのやるべきことは常に目の前にあります。それはやりにくい大変な仕事ではありません。とてもシンプルなことです。たとえば、いまコーヒーを淹《い》れて持って行かなければいけない、という仕事がある人がいたとしましょう。その人にある仕事はコーヒーを持ってくるという、すごくシンプルなことだけです。コーヒーを持ってくるだけです。それが上手にできるか？　インスタントのコーヒーをカップに入れて、それに水道の水を入れてしまったら失敗です。ですから、ポットにちゃんと湯が沸《わ》いているか確かめてからお湯を入れる。それで仕事は完了です。

そこでうわのそらで変なことを考えていて、カップに水を入れてしまったら、大失敗です。そうするとまたそのカップを洗ったりして、やり直さなければいけないのです。そして時間も水も無駄に使うことになって、いやな気分になってくるし、なんてバカかと自分を責めることになる。それが無駄ということです。そうではなくて、シンプルなことを一つひとつ、確実に淡々《たんたん》とやっていけば、それが有意義な生き方ということになります。

死を引き延ばすことが生きること

生きるということには、もう一つポイントがあります。生きるということは、ほんとうはそう楽ではなく、いつでも何か障害《しょうがい》を乗《の》り越《こ》えることです。

はっきり言えば、いつでも人は死ねます。生は死と隣《とな》り合《あ》わせだからです。死なななかったから生きているというだけなのです。いつか死ぬということはすごく確かなことです。はっきりと確かな死があります。生きるということは、この死をなんとかちょっと延ばして、とりあえず、生き残ってしまうことです。

シンプルに言えば、息を吸ったけれども吐《は》かないことにすれば死にます。吸った息を吐かなかっただけで死にます。息を吐いてから吸わなかったら、それだけで死んでしまいます。お腹が空いて全然食べないことにすれば死にます。

だから「生きている」と、大層なことを思ってはいますが、命というものは、いますぐこの瞬間にも死んでなくなるもろいものです。その死をちょっとずつ引き延ばしてもらう。それで八〇年くらい引き延ばしてもらえますけれども、やがて引き延ばせなくなります。息を吸いたいけれども、吸えなくなってしまうのです。器械で空気を入れてくれても肺に入らなくなってしまう。それで死にます。

ですから、生きるということは、絶えず死を避《さ》けることです。

死の危険というのは、人生のなかで、絶えず障害として出てくるのです。

それを何とか避けること。それが生きることです。

人生はいつでも、ずうっとハードル競技で、次から次へとハードルがある。それをひとつひとつ飛んでいくのです。ハードルを見ても飛び越えないなら、その人には死ぬしか答えがないのです。

一生ハードルが待ち受けている

人間というのは、飛べるハードルも飛ばないでいると、自殺という結果を招《まね》くことがあります。これが失敗なのです。乗り越えられないハードルというのは癌《がん》になったとか、もう末期状態で治療《ちりょう》不可能とか、心臓が無茶苦茶弱くなっているとかです。それでもいろいろと避ける方法があります。心臓にペースメーカーを入れたりとか、心臓を移植したりとか、ハードルを飛《と》び越《こ》えるためのいろいろな方法がそれでもあります。しかしハードルを飛び越えて、飛び越えて、長いあいだ頑張ってみてもやがて飛び越えられなくなって、必ず死ぬことになります。

ですから、そこまでのいろいろなハードルを飛び越えてきたから生きてきたのです。六〇年生きてきたということは、ものすごくたくさんのハードルを飛び越えてきたということです。二〇歳《さい》で次にあるハードルを飛び越えなかった人は、そこで自殺してしまうのです。中学校はいちばん元気な年頃《としごろ》ですし、かなり悪ふざけをしたりします。喧嘩《けんか》もするし、悪口も言うし、いろいろな厭味《いやみ》も言います。それはそういう年頃だからです。その年頃の人たちは、そのハードルを飛び越えなくてはならないのです。ある中学生が、仲間に言われたことで気に障《さわ》ったと落ち込んで、ハードルを飛び越えることができなくなって「いじめられているんだ。自殺してやるぞ」ということになったりする。みな毎日、毎時、毎分、毎秒、何かのハードルを飛び越えているのです。自然の法則でハードルを乗り越えられないほど弱くなるまで、死に挑戦し続けることが、生きることなのです。

智慧《ちえ》を使って生き残るか

昔、私の祖国であるスリランカでは、恐《おそ》ろしく独裁的《どくさいてき》な党が政権を握《にぎ》っていた時期がありました。それでも建前《たてまえ》は民主主義だったので、国会の選挙が行われていたのです。選挙自体は不正でインチキなものでしたが、政府はとんでもない人殺しを続けていたから、たくさんの若者たちが野党を応援《おうえん》しました。でも選挙では野党は負けてしまった。与党側は、すでにたくさん若者を殺していましたが、選挙の後にも野党を応援した連中を見せしめに殺す計画を立てていました。

それで私のいた寺にも、野党を応援していた若者が四、五人、ひどく怯《おび》えて助けを求めてきたのです。「自分たちはもう政府の暗殺リストに載《の》っているんだ」と言ってね。私は、「あのね、これから言う通りにやってください」といって、彼《かれ》らにポスターを書かせたんです。「A君、B君、C君は政府反対運動をした。これから気をつけることだ。○○団」と彼ら自身の名前を書いた暗殺をほのめかすようなポスターを書かせた。○○団というのは、与党側の暴力団の名前です。「これを書いたことは誰にも言ってはいけない。知られないように二箇所に貼《は》ってきなさい」と指示すると、彼らも命がかかっているので、ポスターを二枚作って、こっそり貼ってきた。それで話は終わりました。

次の日、暗殺リストに載っていた人々がニコニコとお寺にやって来て、「あれは結構効き目がありますよ」と言いました。与党側の暴力団の人びとが来て、「これは、たいへんなことだ！　これでお前らに何かあったら私たちが殺したことになるんだよ」と言って、彼らをガードすることになった。だからいつでも与党《よとう》の暴力団がいっしょにいて、選挙後の危険な雰囲気《ふんいき》がなくなるまで、敵のグループが彼らを守ってくれたのです。

ハードルを飛び越えるということは、そうやって智慧を使って障害を飛び越えていくことです。

私から見れば、与党側でも野党側でもみんな村人だから、誰が悪い、誰が正しいということではありません。ただ若者を殺してほしくない、というそれだけでした。もし選挙後の報復で誰かが殺されたならば、その問題が延々と続くでしょう。何十年も村人はその悲しみと恨《うら》みを引きずって生きることになるでしょう。私のいた村では、そういうこともなく済《す》んだのです。

死ぬ瞬間までハードル

人生ではいろいろ問題は起きますが、その時その時に智慧をしぼっていれば解決できます。私たちがなぜ解決できないかというと、解決するより先に、怒《いか》りの矛先《ほこさき》にするための「犯人」を探すからなのですね。テレビのワイドショーなんかで騒《さわ》ぎ立《た》てて、犯人を探してその人に罰《ばつ》を与《あた》えようとする。それで結局、犯人探しをしている間にみんな問題が何だったかも忘れてしまって、何ひとつ解決できないままにうやむやになってしまいます。大切なのは、犯人を探すことではなく、問題を解決してみんなが助かることなのに、そのことを忘れてしまうのです。

10年前・・・
ジュンちゃんがわるい
マリのせいだ
現在
あなたが悪い
君のせいだ
20年後・・・
あなたが・・・
君が・・・
更に数年後・・・
何が原因だったんですかねー
そうじゃのう

人生とは、生きることとは、いつでもハードルを飛び越え続けることです。

教科書の第一章が終わったら、「第一章が終わった！」と喜んでも第二章が待っています。英語の単語やら文法やら、いくつか宿題で勉強して暗記して、「やっと上手《じょうず》にできました」と先生にほめられても、あっと言う間に次の課題があらわれる。それが人生なのです。次から次へと迫《せま》ってくるハードルを飛び越えなくてはならない。それが生きるということなのです。

すべての問題を解決してほっとしたと思っても、それで終わりということはありません。

死ぬ瞬間までハードルなのです。死ぬ瞬間のハードルは乗り越えられません。だから死にます。

死に打ち勝つチャレンジ

結局のところ、誰でも、生きて年を取って死ぬのです。ただ生きて、年を取って死ぬ。

生命に具《そな》わっているのは、その単純なプログラムでしかありません。しかし、それだけだったら、おもしろくないのです。だったらどうすればいいのでしょうか？　ブッダの提案は、「智慧を開発すること」です。つまり心を完全にきれいにすることです。みなさんも「完全な心を作る」ということに挑戦《ちょうせん》すればいいのです。まれな人にしか思い浮かばないことですが、その気持ちになれれば、絶対的に大事な仕事があるのだと、喜びが湧《わ》いてきます。「生きているあいだ、死ぬ前に、私はかならず悟《さと》りに達するぞ」と。ブッダは悟りに達することが、死に打ち勝つことだと説かれています。そうすれば、ひとつひとつのハードルを飛び越えるのではなく、「一切のハードルを乗り越えた」ことになるのです。

あとがき

いままで、生きる方法や、生きるときに我々が必然的に引き起こす問題、その問題にどのように対応するべきか、などについてお話ししてきました。生きていられなくなるほど人生が複雑になったり、トラブルのどん底に陥《おちい》ったりする主な原因は、「命は尊いのだ」という何の根拠《こんきょ》もない感情的な考え方にあるとお話ししてきました。

生きることには尊い価値がある、授けられた命なので粗末《そまつ》にしてはならない、命とは神様から人間だけに与《あた》えられた永遠不滅《ふめつ》の宝物だ、などとよく言われます。それはすべて、生きることに大事な意味があるのだ、生きることに何か目的があるのだ、命に価値があるのだ、という考えによるものです。しかし、感情的な感想であるこの考えのおかげで、生きることは極限な苦の連続になっているのです。

そこで本書では、感情にだまされることなく、論理的に、「生きることには意味は成立しない」と、単純に言えば、生きることには何の意味もない、無意味な行為《こうい》であると指摘《してき》しました。

　このような結論を聞くと、怖《こわ》くなったりびっくりしたり、驚《おどろ》いたり、真っ向から否定したくなるのは、人間の当り前の感情的な反応だと思います。しかし本書の中で、失敗なく楽に生きる方法を発見できるように努力しました。

　生きることとは完全に無価値で、無意味であるといっても、この上ない尊い目的を作ることができます。初めは意味がないものだったとしても、我々人間には新たに生きる目的を築くこと、ゴールを設定することができるのです。自分で設定した目的なので、何の脅迫感《きょうはくかん》もなく楽しくその目的を目指してまっすぐ生きることができるのです。お釈迦《しゃか》様《さま》の言葉から結論を出すならば、生命は目的がなく、さまよいながら生きているけれども、「解脱《げだつ》（悟り）に達するのだ」という目的を設定できるのです。その目的を設定した時点から、生きることに意味が発生するのです。

　悟り（解説）を目指すことに興味《きょうみ》がなかったら、人生で死ぬまでに現れるハードルをひとつひとつ飛《と》び越《こ》えるしかありません。しかし、いくら上手にハードルを飛び越えて生きていたとしても、人は病気になって、老いて、死ぬのです。いままで必死で頑張《がんば》ったのは、年をとって、病気になって、悔《くや》しく死ぬためなのです。それなら、何もしないで頑張らないでいたほうがましではないかと思えます。ですが何もしないでいると、早く病気になって早く死にます。その上、まわりから激《はげ》しく見下される人生にもなる。どちらを選んでも、生きることに意味なんかありません。

　意味がないのにわれわれは生きることが尊《とうと》いのだ、深遠な意味があるのだと、自分に暗示をかけておこうとします。無知な世界も、われわれにその暗示をかけてあげようとしているのです。人生は尊いものだ、深遠な意味があるのだという暗示にかかったら、生きることに何の意味もない、ということに気づきません。生きることに徹底《てってい》的《てき》に執《しゅう》着《ちゃく》するのです。他人に迷惑《めいわく》をかけてでも、他を破《は》壊《かい》してでも、生き続けなくてはいけないと思うのです。自分を守るためなら他を殺しても一向にかまわないと思うのです。もし他を殺して自分を守ったことで、自分が不死になって永遠に生き続けるなら、自己防《ぼう》衛《えい》は立派な行為になるでしょう。しかし、他を殺してまで自分を守っても、自分も必ず死ぬのです。生きることは、無意味といえば無意味です。

人生について「生きることに尊い意味があるのだ」という勘違《かんちが》いの人生論を作ると、生きることに執着《しゅうちゃく》し、罪《つみ》を犯《おか》します。そして、無知と、生きていきたいという欲（渇《かつ》愛《あい》）のエネルギーが、限りなく心に溜《た》まるのです。死ぬとき、心にこの暗い無知と渇愛のエネルギーが溜まっていると、そのエネルギーによって、どこかで新しい生が瞬時《しゅんじ》に形成されます。生きることが死で完全終了《しゅうりょう》であるならば、この短い人生はどのように生きてもかまいません。しかし実際は、心のなかに無知と渇愛というエネルギーが溜まっているのです。心のエネルギーは並大抵《なみたいてい》のものではありません。私達の肉体を成長させたのも、地球を大胆《だいたん》に変えたのも心のエネルギーです。呼吸したり、歩いたり、座ったり、寝《ね》たり、学んだり、仕事をしたり、人と話したりするのも心なのです。この巨大なエネルギーが、死ぬときだけ何の結果も出さずに無になると思うなら、それは事実ではなく、その人の主観的な感想に過ぎないのです。

心のエネルギーが変化しながら絶えず回転することを、仏教では「輪廻《りんね》」と言います。死んだ人の心が次にどのような生を形成するかということは、その心に溜まっているエネルギーの質によります。ですが、ほとんどの人々は、心に清らかなエネルギーが溜まるようにしていません。欲と怒《いか》りと無知で生きて、感情の奴隷《どれい》になっています。こういう人は、今世は人間として胸を張って生きていても、次の生はどんな形になるのかと考えると、脅威《きょうい》を感じたほうがいいと思います。より不幸なところに生まれ変わる可能性が大いにあるからです。

では、清らかな心を育てた人の場合はどうでしょうか？　次は人間より幸福なところに生まれるでしょう。しかしそれでよかったとは言い切れないのです。なぜならば、生きることに意味がないからです。どこに生まれても、その生まれた次元に適した生き方をして、寿命《じゅみょう》が終わって死んでいきます。それでも、無知と生に対する執着（渇愛）があるから、また新しい生をスタートするのです。

ブッダの説かれたこの真理を知った人が、「ではどうすればよいのか？」と考えてみると、「すべては無常である。生きることに執着するのはあまりにも無意味な行為《こうい》である」と発見します。真理を発見することを、智慧《ちえ》と言うのです。智慧があるということは、やっと無知がなくなったということです。無知がなくなると、生に執着するべきではないとわかります。心が「無執着」という状態になって、いままで溜まっていた限りない渇愛のエネルギーが、それで無くなります。

こうしてその人の心は、解脱・涅槃《ねはん》を体験するのです。それは輪廻転生《りんねてんしょう》して苦しむ人にとっては、究極《きゅうきょく》な幸福であると説かれています。この究極の幸福の境地に達することは、いま生きているうちにできることです。「涅槃に挑戦《ちょうせん》するぞ」と決めた人の人生にだけ、やっと生きる意味が生じるのです。

ちくまプリマー新書077
ブッダの幸福論《こうふくろん》
二〇〇八年二月十日　初版第一刷発行
二〇一一年一月二十日　初版第三刷発行

著者　アルボムッレ・スマナサーラ
装幀　クラフト・エヴィング商會
発行者　菊池明郎
発行所　株式会社筑摩書房
東京都台東区蔵前二-五-三　〒一一一-八七五五
振替〇〇一六〇-八-四一二三
印刷・製本　株式会社精興社
ISBN978-4-480-68777-7 C0215 Printed in Japan

乱丁・落丁本の場合は、左記宛にご送付下さい。
送料小社負担でお取り替えいたします。
ご注文・お問い合わせも左記へお願いします。
〒三三一-八五〇七　さいたま市北区櫛引町二-六〇四
筑摩書房サービスセンター
電話〇四八-六五一-〇〇五三